# 禪味京都

古寺侘寂之美

秦就 著

推薦序

# 領受古寺的深邃與優雅氣息

覺風佛教藝術文化
基金會負責人　寬謙法師

日本可謂是少數兼顧傳統文化與現代創新於一身的國家，而京都正是日本傳統文化的代表性都市。位於京都上千座供人參拜禮佛的廟宇，更是呈現日本傳統面貌的精髓，處處表現出長久以來亞洲宗教文化交流，與建築美術工藝的極致表現，成為世人稱頌流連不已的文化古都。

記得末學剛於大學畢業時，因為就讀建築系的關係，就曾獨自在京都自助旅行，探索京都地區的寺廟古建築。年少時憑藉著一、二句簡單的日語，就以「一日乘」公車票遊遍京都，並騎腳踏車繞行山區小徑間。這段樸素優美的旅程，一直成為記憶中美好的京都印象。

隨著歲月經長，往後在各種短程的旅途當中，也陸續造訪京都的寺廟，而每一次的到訪，總不斷地再次新鮮感受到京都寺廟的古典與優雅，無論是清水寺的雍容熱絡、三十三間堂的慈悲普照、天龍寺寧靜悠遠、金閣寺的莊嚴華貴等等，這些寺廟呈現的多元氣氛，不論是動靜、新舊、快慢、春夏等不同對比，都讓人感受到佛教對紅塵眾生的慈憫，看堂中的佛菩薩殷殷不動，看四周庭園一派寧靜悠遠，均令人生起淨土的懷想，遊人出行其間，無論佛子清信，不管販夫走卒，總是領受寺院的靜默說法，這也是末學不斷欣求的，無須言語就能讓宗教建築默然說法的理想境地。

經年探索日本寺廟的人，總是驚訝於這些寺院可供多層次尋寶內涵，像本書所介紹的大德寺，枯山水庭園是景觀設計的典範，寺中典藏的羅漢像，俱是日本數一數二的國寶名品，呈現寺院整體深邃的內涵。因此從京都佛寺中，無論是從傳統建築的維護與更新、庭園布置的寧靜息心、或者經久典藏的文物寶庫，處處都能帶給觀者驚喜與省思，不但遊人普被佛教的莊嚴法喜，也注入令人清心的心靈活水，呈現寺院餘韻無窮的甘醇與文化氣息，這也是日本寺院的獨特之處，而這些優雅古典氣氛的養成並非一蹴可幾，是經過時間不斷粹煉而來。

源自中國的日本佛教，自六世紀飛鳥時期起開始學習中國佛教，從皇室貴族開始接受進而傳到一般民眾，伴隨著佛教傳播過程中，也將漢民族的各式工藝技術美學觀念傳播進來，潤澤了日本文化的內涵。平安時期，佛教信仰日漸普及了，當時眾多的遣唐僧與赴日漢僧在兩國之間的穿梭與引導，爲日本佛教奠定了深厚的基礎；待到鎌倉、室町時代，佛教淨土、禪宗思想的高度發展，成爲日本佛教最燦爛、輝煌的時代，也造就活潑的京都佛教文化。本書所介紹的寺院，都可自上述時代中找到代表性寺院，當然這些至今保存完好的寺院也一一成爲佛教文明的寶物館，這也是我們對日本珍惜宗教文化財的敬佩之處。

本書作者秦就居士旅居日本數年，以其豐富的文學、文化背景，走訪了京都二十七所知名古寺，其中包括十二座被聯合國登錄爲「世界文化遺產」以及禪宗「五山制度」的禪寺。難得的是每座寺院開山緣起，均由作者一一揭開，其中有僧人的歷史傳記之外，還包含許多動人的發心與傳奇故事，進而讀者可跟隨作者的腳步，一派幽然的進入文字形塑的古寺風貌，讓人猶如閱讀僧傳與伽藍記事的合本，增添我們對古寺豐富的認識。

雖然書中局部圖片介紹總是讓人感到不足，但換個角度想，也許正讓人從想像中建構古寺悠遠與壯偉，虛擬古德出入的懷想，構築一座活生生的寺院叢林，當然這些景象也正待讀者親身驗證，增添來日尋寺踏查的樂趣，這也是本書提供給大家深度導覽的不同趣味吧！

推薦序

# 洗心、澄心、安心
## ——千年古都的名寺巡禮

旅日作家 劉黎兒

千年古都的京都有數不清的寺院，三步一小寺，五步一大寺，走到任何大街小巷都會邂逅到寺院，而這些寺院雖然已經成了京都觀光的招牌，讓古都人潮不斷，但卻也是讓京都在熙來攘往的喧囂中保住了幽深靜謐，讓疲憊徬徨的旅人都能在此洗心、澄淨、沉澱自己，讓自己的身心靈魂都落定下來，恍然悟出安心原來是這麼回事，看似得來不易，但卻也簡單，京都的寺院是瞬間就能讓人達成如此的癒療效果的，凡夫俗子無須出家，到了京都古寺，自然能沾染一身禪意玄機回來，領悟出自己的人生的優先順位以及至寶在哪裡，因此日本人不論思考進退或愛情的選擇，都是到京都，古寺巡禮是能洗心，轉換自己的固有僵化或腐蝕的價值觀、人生觀的！

我近年來只要稍微得出一個小空檔就會往京都跑，京都是蘊含最豐富的一個日本文化的主題樂園，裡面可以遊樂的設施數不清，連街角的任何小擺飾都令人歎為觀止，每一座寺院都是一個無盡的寶山，寺院本身的建築、庭園山水、自然絕景、藝術珍寶以及淵源典故，更是令人突然貪婪地想要盡情吸收這些無形的意境或有形的知識，非常忙碌，但是也請放心，京都寺院古樸枯寂，即使求知欲、美景欲再怎麼騷動，也還是會讓人回歸平常、閑靜的。

因爲有京都這些寺院庭園、伽藍佛像等造型美的極致，京都、甚至日本才會成爲質感這麼好的城市、國度，哈日的巔峰、極致應該是哈京都，哈這些千年古寺，日本許多漫畫家首先要模寫京都各處古寺的阿彌陀以及仁王、羅漢像，寺院佛像，因爲佛像線條、造型多變，表情有的也很誇張、多樣，甚至充滿詼諧之趣，幾乎日本任何從事創意工作的人，尤其愈是在國際聞名的藝術家，都更認爲京都是他們心靈的故鄉，只要到京都，徘徊於古寺間，便能轉換自己，新的靈感泉湧而出；許多寺院當年或許還有權勢野心的金碧輝煌，但經過千年，也早經洗盡鉛華，已經進入不變的境界，雄偉依然，卻無霸氣，古寺內外的造型、絕景在不同季節，或是人生不同時期都會讓人有不同的感受、領悟，千變萬化。

雖說是千年古寺，因爲有應仁之亂，因此京都也曾經有化爲焦土的慘痛的歷史，現在看到的古寺大抵都是五百多年前重建居多，但也已經夠悠久，尤其許多文物都還保存維護得完美無缺，原來古代的日本人就已經如此先進，懂得如何維護文化財；每家古寺因爲都有歷史、典故，境內曾包容吞下無數參拜者的悲歡，踏著石階前進時，腳底彷彿會傳來前人祈禱聲。

京都的寺院前身大都是權貴的別墅或出家居所，是規避世俗或看破紅塵的一個特殊時空，轉換人生的據點，而且是這些權貴傾注、匯集自己至今的人生體驗、智慧的精華而建造的，或許因此才有非比尋常的洗心效果吧！

佛像是靜止的，伽藍也是靜止的，境內的風景也是靜止的，一旦抬頭瞻望靜靜垂著伏目看著自己的阿彌陀，就會慢慢覺得自己的心靈會被吸進去，原來靜止的力量才是無限的！境內許多名庭，在觀光淡季裡，一、二個人獨佔一個石庭甚至一座伽藍，單手托著腮邊，彷彿自己也是半跏思惟菩薩般，又像是解謎的人生偵探，這些天下名庭、名閣，已經不知有多少人寫過解說註腳，但都無須理會，還是在人少的時候前往，無心對庭發呆就好，這些名庭、名閣本身千年以來已經看過無數汲汲想尋求答案的愚者，不差一個、二個吧！

佛教在日本是外來的宗教，是奈良朝時從中國傳來的，而且一起連瓦片等文化細節也都鉅細靡遺地傳進來，奈良生活樣式全部中國風，遷都到京都本身也是一項很大的文化革命，但中國文化本身隨著佛教還保持在寺院裡，建築樣式等處處有跡可循，除了京都本身棋盤式的都市設計外，京都古寺也是尋找唐朝痕跡的重要線索。

本書作者是至今我所見對京都寺院乃至相關淵源典故最具深度瞭解的，而且也是融會貫通了與京都相關的中國近代史乃至台灣當代的佛教交流，因此讓我獲益匪淺，才認識了台灣許多寺院與京都寺院的脈譜由緒；加上作者有充分文學素養，精確典雅的文字讓沉澱過的對京都寺院的熱情，淡淡地展現在書頁之間，讓本書成為至今未曾有過的一本最佳古都名寺巡禮的夢幻指南。古都名寺不僅二十七所，期待還有續篇，因為作者是最夠格的華文世界的巡禮者吧！

自序

# 穿越時空，走訪京都之窗

秦就

待在京都念書的那幾年，光一年到京都的觀光客就達三千萬了。不知最近幾年人數變多了，還是少了？那時常想起：「洛陽城東桃李花，飛來飛去落誰家。洛陽女兒惜顏色，行逢落花長歎息！」的詩句，以這首詩來形容京都也很貼切，因爲京都也簡稱「洛」。

那時一到春天櫻花盛開或秋天楓葉正紅的時節，京都的大街小巷總是熙熙攘攘，只爲爭睹各名勝的櫻、楓最盛的一刻。至於夏夜琵琶湖邊穿著和服看煙火，及大年夜寺院前用聽百八鐘來告別一年的長長人龍，更是記憶深刻！

這些爲留住最美好一刻不遠千里而來的觀光客，如果想到春花將落、煙火短暫是不可改變的宿命，那麼爭睹這一切，不顯得很愚蠢嗎？但是日本人似乎不這麼想，他們期待把最好的事物，保留在記憶的深處，爲生命留下印記，即使爲此付出再多的代價也不以爲意，不少人都說這正是日本人的根性。

不管賞櫻或狩楓這些傳統的年中行事，京都特別能吸引日本人，因爲他們的印象中，這些屬於傳統日本之美的事物，京都保存得最好。事實上也是如此，京都人盡量讓城市容顏變化的速度變慢，就像讓古都服下了時間暫停膠囊，傾全力去蕪存菁地把傳統之美保存下來。旅人們在京都不只踩著歷史散步，也呼吸著刻意維護的古代氛圍，甚至懷疑身旁擦身而過、穿著和服的路人，會不會即是平安時代的古人，京都就是這樣一個讓旅人難以分辨現實與夢境的都市。

是的，儘管「成、住、壞、空」是亙古不變的眞理，但載育、生養我們的土地，不正是我們應好好保護、關心的嗎？我們有權讓它加速走向壞、空一途嗎？在佛教的〈回向偈〉所言的「四重恩」中，國土恩不就是其中之一嗎？

或許京都人深諳此理，而對於各種文化資產特別愛惜，但要讓一個都市的容顏不改變，那絕對比妙齡女子保持曼妙身材來得工程浩大。不少開發中國家總以進步的名義，恣意破壞都市原有景觀，尤其身在台灣，更有如斯的感慨！都市像隻變形蟲，未曾有一刻不在改變，有人說這是進步的代價，眞的嗎？

兒時的故鄉風景，早已不復存在，想要重見，唯有在腦海中搜尋。但找不到過往建築地標而日益模糊的記憶，使我們的共同歷史圖像無法傳承，前人種種成了無法感動後代的遙遠傳說。生在台灣，有這種失落感的人，相信不在少數。京都卻不曾給我這樣的失落，十年前在的，十前後還在，不只建築、街道，甚至是那裡的一草一木都是如此。也許都市風景的保存爲京都人帶來了諸多不便，但也換來了更大的尊敬，是他們使京都成爲日本人的「精神原鄉」。

說是千年古都，但究竟要追尋何人的腳印，才能追溯這城市的偉大或滄桑？作爲一個旅人，既要面對如何去發掘這夢幻般的京都，又要思考如何在手起筆落間，將探勘所得化爲文字創作。思來想去，也許從古寺說起不失爲佳法。因爲寺院可以說是「京都之窗」，日本的宗教、文學、藝術、建築，甚至生活習俗等，都和佛教密不可分，難以想像抽離了最澄、空海，如何完整陳述京都的興起與演變？而京都的寺院，許多是日本佛教各宗各派的總本山、大本山，想要瞭解日本的佛教與文化思潮的變遷，這些寺院其實是一個最好的切入點，走在古寺中，往往會覺得自己像有了可以跨越古今與地理藩籬的神通，既穿透死生又遊走在亞洲歷史軌道的中心和邊緣。

本書各篇文章，往往從興建該寺院的開山說起，他們興建這些寺院時，常有一個令人動容的發心。陳述他們的傳記與行跡時，似乎個個都充滿奇詭怪異，使文章好像也沾染了魔幻寫實的餘緒，透著一層迷魅色彩。但話說回來，如果不奇，他們又如何能引領信眾，從無到有，建立起這些仰之彌高的巍峨伽藍？即使認爲這些大師的傳說是在夢幻與眞實之間，但這又何嘗不是人們對於高尚人格的想望與景仰，紅塵濁世多麼需要有人可以作爲人格的標竿。

一旦到了寺院建築的介紹，則立時又化詭祕絢爛爲恬淡平實，似乎回到了生活的本然層面。畢竟寺院堂宇是爲人而設的。即使這樣，建築本身卻也像在毛遂自薦般，充當起我們認識古人的引渡者，透過建築往往能刺激參訪者的想像，橫越時間洪流，看到古人的用心。

只是京都的寺院，多到就怕連京都人都記不全，所以如果有一本書，說是要道盡京都的每一所寺院，那根本就是不可能的任務！爲此，本書所收的寺院，是以登錄爲聯合國教科文組織的「世界文化遺產」的古寺及和「五山制度」有關的禪寺爲主。

愈想要介紹日本的佛寺，愈覺得自己是在班門弄斧、自曝其短，但仍然勉力而行的理由在藉此拋磚引玉，希望能喚起大家對自身文化古蹟的珍惜，期待台灣在不久的將來，也能出現「世界文化遺產」。

成書之際，無常之風吹來，父親往生，整理他生前的影音、照片時，感覺像打開浦島太郎的寶盒，人的一生果眞只是一溜輕煙。因而覺得前人所留下一事一物，都是如此珍貴，如不能用心保存，實無有面目以對來者！

# 京都寺院位置圖

世界文化遺產　其他寺院

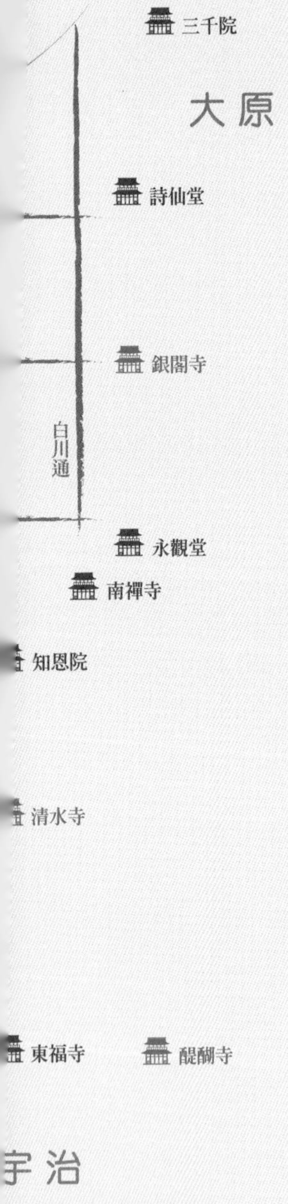

金閣寺

龍安寺

清涼寺

銀閣寺

西芳寺

清水寺

東寺

醍醐寺

東福寺

高雄
高山寺
神護寺
金閣寺
大德寺
賀茂川
野川
北大路通
龍安寺
仁和寺
今出川通
相國寺
妙心寺
西大路通
千本通
堀川通
烏丸通
河原町通
東大路通
清涼寺
嵐山
天龍寺
丸太町通
鴨川
廣隆寺
四條通
桂川
五條通
建仁寺
西芳寺
西本願寺
東本願寺
七條通
東寺
九條通
萬福寺
平等院

# 目錄

## 洛中



## 洛南



## 洛北

# 洛東

- 南禪寺
- 永觀堂
- 銀閣寺
- 建仁寺
- 知恩院
- 清水寺

（張晴 攝）

松風飛閣禪味深

# 南禪寺

南禪寺在日本佛教的地位極高，
甚至位居京都五山之上，其三門更是赫赫有名。
日本歌舞伎劇碼《樓門五三桐》中有句非常有名的台詞，那是故事主角石川五右衛門
登上三門後，所發出的讚歎：「絕景啊！絕景！」

走進南禪寺的玄關，看到一面寫有「看腳下」或「照顧腳下」的木牌掛在柱上，這是禪宗提醒人照顧腳下之意，希望人的腳下不亂，因爲腳亂表示心散。

禪宗的道場，任何時刻都不能用跑的，而要注意前方從容而行，這是所謂的「虎視牛步」。因此，傳記記載馬祖道一禪師除了說他容貌奇異外，還說他牛行虎視，也算是對這位高僧

南禪寺三門不只象徵智慧、慈悲、方便，日本人更常將其視為屏風，遠遠即可從門外窺探寺內風景。（陳志榮 攝）

的禮讚。禪師們認爲行住坐臥都是禪，古德說：「行亦禪，坐亦禪，語默動靜體安然。」禪修不只是在禪堂打坐而已，一塊木牌似乎也說明了南禪寺的道風。

第一次走在南禪寺的參道上，看到兩旁輪囷虯蟠的老松時，不禁想起「遮斷塵緣無絡心，松風稜稜似彈琴，門前飛閣高千尺，不及山房禪味深」這首日人寫的詩句。不過仔細一看，發現這些松樹眞的老了，因爲每棵樹幹上都插著像點滴的針筒。原來那時日本各地松材線蟲爲虐，生長在佛寺的松樹因具有文化價值，寺方都全力搶救、預防感染。日本保護古蹟的觀念深入民間，小到連老松都受到如此珍視。

從前，京都人提到京都的禪寺會說：妙心寺的算盤面、大德寺的茶人

日本禪寺內常會有看板寫些禪門警句，圖為南禪寺達磨大師碑旁所寫的句子，分別出自〈永嘉證道歌〉（唐．玄覺撰）及日本臨濟宗中興祖師白隱禪師的〈坐禪和讚〉。（吳懿儒 攝）

面、東福寺的伽藍面及南禪寺的武家面。日文的「面」是指事物的表面，也就是給人的感覺。武家在從前是指將軍家及服仕於將軍的武士，而南禪寺會給人和武家有關的印象是有原因的。

## 和漢人僧侶關係深

原來南禪寺全名「太平興國南禪寺」，是日本臨濟宗南禪寺派的總本山。最初是鎌倉時代龜山天皇的離宮，因地近禪林寺（即永觀堂），這座離宮也稱爲禪林寺殿；到了西元一二九一年，龜山天皇成爲法皇（指落髮入佛門的日本上皇）後，才捨殿爲寺。該寺的開山祖師是留學宋國十二年，曾在宋代五山中的靈隱寺、淨慈寺參學的日僧無關普門。但那時禪寺的建築主體仍是原來的離宮，眞正開始建立新伽藍的是第二代住持規菴祖圓，他曾入漢僧無學祖元的門下，無學祖元是鎌倉五山【註二】之一圓覺寺的創建者。

南禪寺的第三代住持，是中土渡日的臨濟宗楊岐派高僧一山一寧（一二四七～一三一七年）。元帝國大德三年（一二九九年），元帝賜一山金襴僧伽梨及「妙慈弘濟」法號，《元史》〈成祖本紀〉說：「……命妙慈弘濟大師江浙釋教總統普陀山一山，齎詔

松樹上插著像點滴的針筒，是為預防感染蟲害的保護措施。（徐金財 攝）

南禪寺方丈庭園的枯山水，是枯山水的代表作之一。（釋果實 攝）

使日本……宜復通問，……」換言之，一山被命東航，是爲了達成「勸化日本」這個幾乎不可能的任務。

任務之所以困難，是因爲元帝國曾於一二七四及一二八一年兩度攻打日本，雙方早已敵對，一山奉命前往宣諭實有性命之憂。不過，日本當政者北條貞並未加害他，僅懷疑他是元朝派來的間諜，將他編在伊豆修善寺。一山依然晝夜禪誦，悠然樂道，北條才發現他果然是有道高僧，便迎他到鎌倉任建長寺、圓覺寺的住持。後來的後宇多上皇因欽慕他的道風，特別下詔請他移住南禪寺。一山到南禪寺後，上皇屢屢前往問道，慕德來訪的人也與日俱增。

除了佛法，一山也精通外學，尤其是朱子學，他和弟子雪村友梅同被譽爲是日本五山文學【註二】、散播宋學種子到日本的先驅。一山圓寂時，南宋已滅，但日本始終不承認他是侵略日本的元人，所以上皇還親製像贊：「宋地萬人傑，本朝一國師」，並賜「一山國師」之號，他的法派則稱一山派，是日本禪宗二十四派之一。

一山一寧得以成爲南禪寺住持的原因之一乃南禪寺是十方叢林，這類禪寺廣請諸方高僧任住持，而不限於以弟子繼承禪寺，京都也只有南禪寺和建仁寺是十方叢林。

南禪寺建立之初，日本政局動盪不安，剛好不拘法流而重視器量的十方住持制，使南禪寺的寺運得以不衰。一山之後的住持，還有明極楚俊、清拙正澄等人也是東渡日本的漢人僧侶。

一山傳入宋學後，日本禪宗與宋學幾乎分不開，修禪之人必解宋學，研究宋學的人也多參禪。後來入元、明的日僧，在中土不但學習詩文，對於宋學更是深究。所以，今日翻閱他們的語錄時，如果發現到處是宋學的語句也不足爲奇。

順便一提的是，後世提到宋學就會想到詞。評論詞的經典之作《人間詞話》作者王國維，在他流亡京都時，曾住在南禪寺附近，經常和丈人羅振玉來到南禪寺。他們對佛典的研究也很有成績，這部分得感恩《大正藏》未出時，南禪寺所藏的《大藏經》頗爲齊全，加上京都大學教授狩野直喜等人，對當時發現不久的敦煌文獻的資訊提供，使王國維成爲民初重要的佛教文獻學者之一。

南禪寺的地位一直相當崇高，不但列在五山之中，甚至仿明洪武初年（一三六八年），以天界寺總轄天下僧尼，位五山之上的故例，獨列南禪寺於五山之上。

## 五台山也有南禪寺

熟悉漢傳佛教的人對「南禪寺」應不陌生，因爲不只京都，中國五台山也有同名佛寺，而且歷史更爲久遠。它是唐代的佛教古建築，大佛殿寬深僅五點八公尺，平樑下保存有墨書題記，證明重建於唐建中三年（七八二年），是中國現存最古、保持完整的木構佛教建築。

相對於五台山南禪寺，京都南禪寺最初的建築因戰亂幾乎全毀。現在南禪寺的主要伽藍，是桃山【註三】時代到江戶前期約百年間重建的。例如於一六二八年完工的三門（重要文化財，以下簡稱重文），是當時出身武士之家的藤堂高虎，希望能爲「大阪夏之陣」（日本著名的一場大決戰）中陣亡的將士祈求冥福而供養的。

這座三門建築宏偉，是日本三大三門之一，下層圓而粗的列柱群，給人強而有力、能結實支撐這巍峨三門重量的感覺，號稱「天下龍門」；三門的上層稱爲五鳳樓，登上五鳳樓，京都市區街景，如平安神宮的朱色鳥居、京都市立美術館的綠瓦等美景盡收眼底，幾乎不自覺要脫口而說出：「絕景啊！絕景！」這是著名歌舞伎劇碼《樓門五三桐》中，江洋大盜石川五右衛門的台詞。

三門之前，有一個日本最大、高達六公尺以上的石燈籠。燈籠除了可避免燈燭被風吹熄，還可防蚊、蛾等小蟲飛入被火所傷。所以，根據《五分律》等記載，佛陀允許燃燈以布薩說戒，但夏夜點燈容易傷害小蟲，乃改

經過時間的洗禮，南禪寺寺域內的水路閣也變得古意盎然。（陳建廷 攝）

每年櫻花綻放時節來到哲學之道，會讓人恍若置身櫻花隧道，是日本最佳百條小徑之一。（胡德揚 攝）

製作燈籠。古德說：「愛鼠常留飯，憐蛾不點燈」，燈籠就是這種慈悲心的顯現。後來，燈籠除了是僧房中的照明器具外，也成爲佛前供具。

南禪寺的方丈（國寶，桃山時期）及方丈庭園的枯山水，和三門同樣著名，是枯山水的代表作之一。枯山水的白沙象徵海，岩石和花草則表現人間天界，被沙隔開的兩塊石頭，據說是老虎想帶著虎子越渡到淨土，所以該庭園又稱爲「虎子渡之庭」。

但是，今天看到的這個日本國寶級方丈，曾在明治維新之初的排佛狂潮中，面臨被毀的命運。明治元年（一八六八年），太政官宣布神佛分離，破壞神社中的佛像；明治五年，教部省集各宗代表，宣布僧侶肉食娶妻、自由穿著平常服裝，並定下教則三條：「應體敬神愛國之旨、應明天理人道、應奉戴皇上遵守朝旨」，一見可知是以神道教爲基調的天皇中心主義宣言，中央政府並設大教院，宣揚此三條教則。

幸賴日本佛教界捐棄宗派之見，團結起來加以反對。明治八年（一八七五年）四月三十日，政府終於承認大教院制度失敗而予以廢止；但是第二天，京都府竟宣布將南禪寺方丈徵用爲精神療養院。從人道主義、社會需求的立場來看，設置療養院無可厚非，但方丈是寺院執行宗教例行事務的必要建築物，刻意將國寶級的殿舍作爲療養院，不難看出當時佛教的處境；後來經南禪寺及佛教界與政府七年多的折衝努力，才重回寺方。

## 水路閣與湯豆腐

琵琶湖疏水道的拱型水橋「水路閣」

經過南禪寺寺域，是明治政府蔑視佛教的另一措施。當時日本少有紅磚建築，在全是木造殿舍的禪寺中有紅磚建築，更是顯得突兀；加上路線也不是不能修改，寺方於是提出反對意見，但是政府置之不理，寺方基於它是有益大眾的水利建設，也只好接受。

還好當年色彩鮮明強烈、結構堅硬冰冷的水路閣，經過百年時光的沉澱洗禮之後，紅磚染上土灰、長出綠苔，磚縫的石灰滲流，似乎在為嫣紅的磚塊調色；而水路閣前的古樹綠蔭蔽天、樹影搖曳，在香煙水氣的氤氳迷濛中，矗立著四時彈奏水韻，帶有歐洲風格的紅磚水橋，反而成為一個別具特色的景點。

水橋之上的水經過南禪寺後，會流向著名的「哲學之道」，這個路名是因為以日本哲學家、前京都大學教授西田幾多郎，經常在這一帶散步、思索而得此雅稱的。加上其他京大教授、學生也經常到此散步，所以兩邊具有歐風特色的咖啡店也孕育而生。該路沿著土堤的櫻花樹是名畫家橋本關雪夫人所植，所以也稱為關雪櫻。每年櫻花綻放時節來此，會讓人恍若置身櫻花隧道；連同初夏的螢火，仲夏的蟬鳴不絕，秋天的滿山楓紅，冬天的雪柳映水，而獲選為日本最佳百條小徑之一。

文前提到的漢詩，名〈遊南禪寺中聽松院〉，聽松院是南禪寺的塔頭【註四】，五山文學家輩出，也保存了一些重要文化財。但令聽松院遠近馳名的，是它所賣的「湯豆腐」。豆腐在奈良時代從中國傳到日本，而豆腐的流傳和佛教關係密切，原因之一是豆腐爲僧侶們重要的蛋白質來源。

到了江戶時期，豆腐普及一般民眾，京都因爲水質良好，豆腐製作風氣乃特別興盛。至今，日本豆腐仍以滋賀目川稻荷的田樂豆腐、東京兩國的淡雪豆腐，和京都的南禪寺湯豆腐並駕齊名。南禪寺附近除了聽松院外，由書院改建成餐廳，被日本文部省登錄爲文化財之一的「順正」湯豆腐也名聞遐邇。

註1 五山仿自中國南宋的官寺制度。日本的五山排列從一二五三年開始，以鎌倉的建長寺、圓覺寺、壽福寺、淨智寺、淨妙寺與京都的天龍寺、相國寺、建仁寺、東福寺、萬壽寺，分別為「鎌倉五山」與「京都五山」，一般稱為「五山十刹」。日本仿此制度，為文化交流提供了一個載體，吸收和嫁接宋明文化，從而形成了五山文化。

註2 指十三世紀後半至十六世紀約三百餘年間，日本以京都鎌倉的五山禪林為中心，在禪僧間盛行的漢文學。

註3 十六世紀後半，約三十年的時間，是日本文化史上由織田信長和豐臣秀吉統治的時期，也稱安土桃山時代。因為他們分別以安土城和桃山城為根據地進行統治。桃山城原稱伏見城，在京都市伏見區。

註4 所謂塔頭，在禪宗指開山祖師塔的所在。原來高僧入寂時，弟子因仰其遺德，不忍驟離塔頭，便住在新設小屋，稱塔頭支院。到了後世，尤其是日本，特指本寺所屬且為本寺境內的寺院為塔頭。

南禪寺 左京區南禪寺福地町 電話：075-771-0365
官方網站：http://nanzen.com/

紅葉林前悲田梅

# 永觀堂

永觀堂一帶平日十分清幽靜謐，
但是一到楓紅時節，遊客便川流不息，
因為它是京都賞楓的首選古寺。
除此，永觀堂也是日本社會福利事業的先驅。

永觀堂境内因建物有高低差，各堂之間主要以聯絡迴廊來銜接。（林宣宇 攝）

過了南禪寺聽松院，再走幾步，就會看到永觀堂。中國清末民初的知名學者王國維愛在這裡漫步，即使後來回到中國，仍對這裡念念不忘，甚至把自己的名號改爲永觀、觀堂，書名取爲《觀堂集林》。

永觀堂一帶平日十分清幽靜謐，但是到了楓紅時節，遊客便川流不息，因爲永觀堂是京都秋天賞楓的首選古寺，自古以來京都人就說：「秋天就想到紅葉的永觀堂。」

## 別稱因永觀律師而來

永觀堂寺域，本是平安時代文人、歌人藤原關雄的住所，藤原死後，弘法大師空海的弟子眞紹僧都爲在首都建立實踐道場而買下這裡。西元八五三年，以五智如來爲本尊，將這裡建成眞言宗佛寺。八六三年，日本天皇又賜名爲「禪林寺」，聽來像禪宗寺院；一〇七二年，中興之祖永觀律師成爲第七代住持，以阿彌陀佛爲本尊，使得淨土教色彩漸濃。

到了第十二代住持僧都靜遍時，因他皈依法然上人，其後法然弟子證空（西山）據說也曾任住持；而到證空弟子淨音時，禪林寺便由眞言宗一變而爲淨土宗西山派的寺院了。

今天禪林寺的山號是「聖眾來迎山」，院號稱「無量壽院」，通稱「永觀堂」。以阿彌陀如來爲本尊，開基是眞紹僧都，是淨土宗西山禪林寺派總本山。

總門是江戶時代末期建築，是「高麗門」形式、中門則是「藥醫門」形式。不管高麗門或藥醫門，都較常見於城郭或大名的宅邸，而少見於寺院

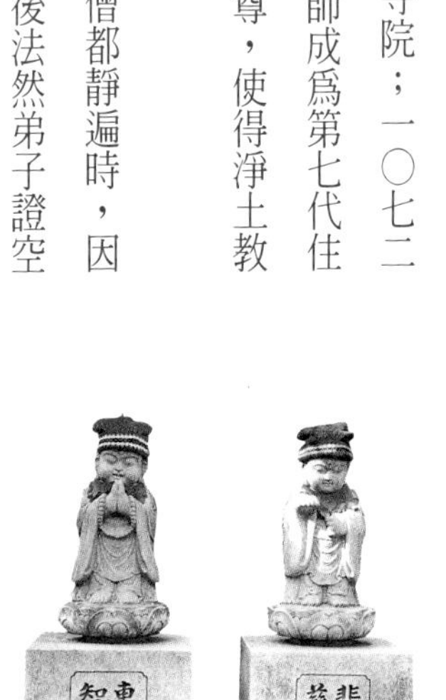

逗趣、可愛的智慧與慈悲小石佛。（徐金財 攝）

建築。

境內因高低不平，建築物也產生高低差，各堂殿以聯絡迴廊來銜接。御影堂於一九一二年完成，祀宗祖法然上人，比安置本尊的阿彌陀堂規模來得大，王國維來此留連時才剛完成。阿彌陀堂的位置則比御影堂來得高，是十七世紀初的建築。

位於境內最高位置的多寶塔，從平地仰望就可看到。至於日本禪宗寺院特有的方丈建築，別的宗派少見，而永觀堂的方丈卻和禪宗寺院建築物幾無分別。

## 具傳奇色彩的「回望阿彌陀」

第七代住持永觀律師是文章博士源國經之子，自從信仰阿彌陀佛後，每日念佛萬遍。禪林寺的釋迦堂前庭，植有名爲「悲田梅」的梅樹，古時這裡曾有梅林。

日本《本朝高僧傳》說永觀律師「病多體弱」，他曾說：「病者，人之善知識也。我以病質故，知四大不堅……。」可知他深知病者之苦，因而發願在禪林寺設藥王院，對貧病者施以藥湯，又建溫室收容病者，種種善舉，使他成爲日本社會福利事業的先驅。

永觀律師又喜歡將庭中的梅子收集後，布施給病人，人們因爲感念他的發心，而將梅樹稱爲「悲田梅」。後世多稱禪林寺爲永觀堂，就是爲了紀

「回望阿彌陀」為永觀堂寺寶，是京都「六大阿彌陀佛」之一。（徐金財 攝）

念慈悲的永觀律師。

其實，唐帝國則天武后時代，國中佛寺就普遍設有悲田院，收容無依的孤兒、老人；並設立養病院，對病患給予醫藥治療，管理和經營的責任由寺院僧尼擔任。日本在奈良時代就曾學習此一制度，可見佛教界對於慈濟事業是源遠流長的。

永觀堂的寺寶，以本堂中那尊高七十七公分、造形特殊的「回望阿彌陀」（重文）最爲著名。這尊佛像被譽爲京都「六大阿彌陀佛」之一，佛像的臉不是朝前方，而是往左後方看，爲何如此？背後有個故事：傳說一〇八二年永觀律師五十歲，正繞佛誦念佛號時，阿彌陀如來從須彌壇走下來和永觀一起繞行，驚訝的永觀不禁停下腳步，於是阿彌陀佛回頭說了一句：「永觀！走得太慢了！」

這尊佛像因時光流轉，金箔脫落而顯得斑駁，唯有那對關愛永觀律師的慈目，千百年來未曾改變。其實這種「回望阿彌陀」在漢地也有例子，像四川安岳圓覺洞第十六窟（宋代作品），但永觀堂的雕像背後因爲有永觀律師的故事，似乎更令人感動！

其他重要的寺寶，有山越阿彌陀圖、金銅蓮華文磬（國寶）及絹本著色藥師如來像（重文）等。

當初日本政府要將南禪寺方丈改爲精神療養院的理由之一是：佛教界對社會公益事業並不熱衷。爲強迫佛教界多加參與，而指定南禪寺的方丈爲精神療養院。

諷刺的是，近在咫尺的永觀堂的過往歷史，似乎爲這一並不正確的看法作了無言的反駁！

永觀堂是京都秋天賞楓的首選古寺，每到楓紅時節，遊客便川流不息。（王常怡 攝）

永觀堂 左京區永觀堂町 電話：075-761-0007
官方網站：http://www.eikando.or.jp/

東山銀閣展禪風

# 銀閣寺

東山山麓從平安時代開始，
就是京都的皇族、貴族、武士最喜歡的休閒、靜養去處。
位在東山的銀閣寺，原為足利義政將軍的山莊，
是東山文化的代表。

被厚雪覆蓋的銀閣寺，別具
一種清寂之美。（林宣宇 攝）

所謂「東山」不是一座山，也不是一個完整的山系。由於京都基本上是一個盆地地形，所以東山指的是從京都中心看得見的東方群山。「東山」的稱呼雖從平安時代就有，但普遍使用要到室町時代；江戶末期以後，則通稱「東山三十六峰」。

## 開基是東山文化的締造者

東山山麓從平安時代開始，就是京都的皇族、貴族、武士最喜歡的休閒、靜養去處，時至今日，東山更因爲保存了許多著名的神社、寺院、庭園而使觀光客絡繹不絕【註一】。

室町幕府中期、第八代將軍足利義政，在日本人的心目中與其說是位政治家，不如說是位高尚優雅的文化界人士。義政本身習禪，由於受到京都五山禪僧們的思想影響，本身也熱衷茶道、花道等，在他的推動下，這個時期的美術、工藝等文化事業大興，東山地區因而孕育出影響日本深遠的東山文化【註二】，例如龍安寺的方丈庭園（成立時期有多種說法）、大德寺的大仙院庭園，狩野派、土佐派等流派的畫師頭角崢嶸，茶道【註三】、池坊流花道的創始者【註四】，也都在這個時代展現他們的特殊才能。就建築方面，銀閣寺更是東山文化的代表。

一四七三年，義政把將軍之位讓給嗣子足利義尚後，於一四八二年開始在月待山麓營建東山山莊（也稱爲東山殿），這塊地方是在應仁之亂時燒毀的淨土寺原址，即使到現在，附近還留有左京區淨土寺的地名。

東山殿開始大興土木時，正值應仁之亂結束後不久，京都經濟疲弊，義政於是向百姓課臨時稅和勞役來營造

面錦鏡池而建的東求堂（右），是日本建築史上極珍貴的遺構。（張錦德 攝）

東山殿，過著書、畫、茶的風流生活。興建工程一直持續到義政死前不久，前後長達八年。其間，義政不待山莊完成，就在工程開始的第二年，也就是一四八三年便住了進去。東山殿中有會所、常御所等巨型建築物，雖比不上足利義滿的北山殿（即今金閣寺），但在某種程度上也有著政治性功能。

一四九〇年，爲祈求死去的義政的冥福，足利家人乃供養東山殿，以足利義政爲開基（創立者）、夢窗疏石禪師爲勸進開山【註五】，而成爲相國寺的境外塔頭——慈照寺，別稱銀閣寺，山號東山，供奉的本尊是釋迦牟尼佛。日本戰國時代末期，一度因爲慈照寺的歷代住持之中，有許多出自近衛家而成爲關白【註六】近衛前久的別墅，但近衛前久死後，又再度成爲相國寺的末寺。

## 建物富含禪宗美學

由東山殿改爲慈照寺後，保存至今的建築，最重要的銀閣和東求堂（兩者皆爲國寶），得先在總門買票，才得以一窺全貌。進門後會先經過「銀閣寺垣」，這是由竹垣、石頭及綠樹構成的垣牆，用來隔絕外界的景物和雜音，步入這條參道就象徵走入了清淨、莊嚴的淨土世界。

銀閣寺是指這座寺院全體，至於「銀閣」則單指觀音殿，這棟建築在一四八九年上樑，不久即完成，是雙層、寶形造【註七】、柿葺建

築。平面長方形，正面八點二公尺、深七公尺。第一層為具有住宅風格的「心空殿」，上層的「潮音閣」則是方三間（台灣稱「開間」）的禪宗樣（唐樣）佛堂。

銀閣常被拿來和義政的祖父，也就是統一南北朝的第三代將軍義滿所建的金閣相提並論。有趣的是，金閣寺的金閣確實貼了金箔，但銀閣寺的銀閣卻沒有貼銀箔跡象。對這個現象有兩種解釋：一是說當初雖如銀閣之名般，準備貼上銀箔，但只貼了一小部分，就因幕府財政吃緊而作罷。一說是義政既將這裡當作隱居處所，原本就不會有貼銀箔的計畫，因為徹底裸露出木質紋理的質樸建築美感，正符合義政禪宗式的美學實踐。兩者雖然都有可能，但是如果比對慈照寺原本的庭園配置，可以發現庭園整體，富含了東山文化的茶道趣味和禪宗文化基調，所以推定起初就不打算貼銀箔的可能性是很高的。為了確認銀閣到底是否曾經貼過銀箔，寺方和研究單位合作調查，並在二○○七年的科學調查結果報告中，表示銀閣完全檢測不出有任何銀箔的殘留【註八】，使後者的說法似乎更佔上風。

銀閣寺中另一棟古老建築「東求堂」，名稱係取自「東方人追求西方極樂世界」之意，興建於一四八六年，是義政的持佛堂，面錦鏡池而建，大小有三間半四方。正面右邊裡側四疊半大小的房間是義政的書齋「同仁齋」，書齋北邊的付書院和違棚是現存最早的座敷飾【註九】遺構，也是書院造【註十】和草庵風茶室的源頭，是日本建築史上極珍貴的遺構，馳名東瀛。

有如圓柱小山的向月台。（陳建廷 攝）

銀閣寺的庭園雖是以錦鏡池爲中心的池泉迴遊式庭園，但也應用了從室町時代的禪宗寺院開始發達的庭園樣式——枯山水。

## 庭園具禪意，賞心悅目

原本日本庭園大都建築在取得到水的地方，枯山水登場後，就不一定要有水才能造園，銀閣寺庭園既有水池，又有枯山水，是有趣的地方。據說銀閣寺的枯山水庭園，原本是仿自西芳寺庭園，但現在可見的「銀沙灘」和有如圓柱小山的「向月台」，都是江戶時代（相當於明末至清末時期）後期修改的，已失去創建時的面貌。

整個庭園依山而建，後山還有不少景點，比較有名的像錦鏡池東南方山腰有「洗月泉」，泉水流向銀閣並導入東求堂池畔。泉名本身即富禪意——把月映泉中的景色，妙喻成泉中洗月。不過不管是鏡中花或水中月，畢竟都如夢影，泉水汩汩像要洗月，但水中月不過幻境，欲洗也不可得，這是在說人心？還是在喻外塵？讓人若有所悟，正是命名者的用心吧！

從後山上看錦鏡池爲中心的水中倒影、松木、錦鯉、山石，在在散發著一股靜寂枯淡、空靈幽玄的氣氛，和代表貴族、華麗的北山文化的金閣寺相比，銀閣寺更體現了日本禪宗的美學思潮。所以，它和金閣寺一樣成爲日本的國指定特別史跡、特別名勝，一九九四年更進一步登錄爲「世界文化遺產」。

在先進國家的人民眼中，古蹟不等於老朽，因爲尊重古物就是尊重歷史，就是珍惜先人的腳印；而有先人的腳印，我們現代人將更不會迷路。

銀閣庭園有七石橋（濯錦橋、分界橋、迎仙橋、龍背橋、臥雲橋、仙柱橋、仙袖橋）及四浮石（北斗石、浮石、坐禪石、大內石），為庭園增加幽趣。圖為大內石。（陳建廷 攝）

日本人往往常將古蹟和最先進的科學技術、設備結合，像前面提到的，爲檢測銀閣有無銀箔殘留，就利用了x線去分析元素，並結合檢測微量元素的IPC/MS分析法來解答謎團。

日本人爲了保存古蹟，防震、防潮、防火等設備都大量應用在古蹟上。因爲只要古蹟存在，就有機會從古蹟所留下的蛛絲馬跡中，去發掘背後所隱藏的光陰故事，這種精神尤其普遍深植在京都人的心中，所以破壞古蹟常會被人民所唾棄。如果眼尖就會發現，不管金閣寺或銀閣寺入口處附近，都樹立了一塊看板，上面寫著：投宿高層建築京都飯店的旅客，禁止進入參觀。它表現了京都各大名勝，反對商人罔顧古都景觀執意興建高樓，而抵制住進旅館客人的決心。雖然無法辨識誰是京都高樓旅館的遊客，但看板至少表明了立場，也展現了人民對市容、古蹟破壞者的憤怒與抵制。或許因爲這樣，京都確實較少超高大樓興建，比起日本其他都市，京都的整體市容相對和諧許多。這種整體考量名勝古蹟的精神，也是台灣

由竹垣、石頭及綠樹構築而成的銀閣寺垣，隔絕了外界的景物和雜音。（陳建廷 攝）

應該學習的地方吧！

銀閣寺後方的大文字山，有用水泥椿等架設起的「大」字，是每年八月十六日舉行「大文字五山送火」祭典的地點之一，「大」字點火後，照亮夜空，非常壯觀。銀閣寺旁有登山步道可直通，山上也是遠眺京都全景的佳處。

註1 這些觀光地包括：曼殊院、詩仙堂、銀閣寺、法然院、永觀堂、南禪寺、知恩院、八坂神社、高台寺、清水寺、智積院、泉涌寺、東福寺、伏見稻荷大社等。寺社之外，修學院離宮、哲學之道、圓山公園等都是京都，甚至全日本知名的觀光地。

註2 東山文化是以足利義政所築的東山山莊為中心，將武家、公家、禪僧的文化加以融合所生的新文化。但現在的歷史學者多將之與北山文化合稱「室町文化」。雖然處在應仁之亂（一四六七年）之後，卻也開出能、茶道、花道、庭園、建築、連歌等多彩多姿的藝術花朵，後來更滲透到一般百姓的生活之中，並一直傳承至今。

註3 村田珠光師事一休宗純，人稱茶道之祖。村田在市中所建的草庵，即為四疊半的茶室。

註4 一般認為池坊流的元祖是池坊專慶。

註5 因為夢窗疏石是比實際創建此寺時更早約一個世紀的人物，所以稱他為勸請開山。

註6 關白一語，出自《漢書．霍光傳》：「諸事皆先關白光然後奏御天子。」

註7 寶形造是屋頂的形式之一。四方的角脊集於屋頂中央的頂點，頂點為了裝飾有方形露盤，以承寶珠或火焰等，銀閣的裝飾則為鳳凰。

註8 據二〇〇七年一月五日《京都新聞》。

註9 座敷乃日式住宅的廳堂，是接待客人和供奉神明的地方。座敷飾即裝飾座敷的室內設計。

註10 書院造建築是備有床之間（或押板）、違棚、付書院等座敷飾的建築，床之間和違棚、付書院等都是室內的壁龕。

銀閣寺 京都市左京區銀閣寺町 電話：075-771-5725
官方網站：http://www.shokoku-ji.or.jp/ginkakuji/

繁華街中百丈山

# 建仁寺

建仁寺的諸堂，是以中土百丈山為藍本。中土百丈山位江西奉新縣，據說因馮水自山上奔瀉而下高達千尺，所以稱百丈山。自從唐代百丈懷海入山建寺以後，大揚禪風，並制定清規，改變原來禪師多居於律寺的傳統，而有了完整、獨立的禪院。

「春風吹落碧桃花，一片流經十萬家。何似飛來峰下寺，相邀來喫趙州茶。」這是宋僧松源崇嶽法師所作的偈頌。茶和禪宗一直以來關係密切，趙州「喫茶去」是著名公案，「喫茶」一語至今仍是日文常用的字彙；而走在京都街上，更經常可以看到這種茶、禪的遺風。

說茶是我們的生活必需品並不為過，對日本人來說也是一樣。不過，喝茶本應是再簡單不過的事，但是對於正在學習日本茶道的人，就不一定這麼回事了。

日本茶道要求和同處一茶室的朋友，在泡茶、喝茶時，要把注意力完全集中在喝茶的每一個細節上，並且抱持「一期一會」（一生只見這一次）的心情，珍惜這次同飲的機會，以這種虔敬的態度喝茶，往往令原本沉睡的味覺細胞，讓泡茶者的溫情所喚

建於鬧區的建仁寺，卻被翠綠環抱，一片寧靜祥和，真所謂「大隱隱於市」。圖為建仁寺三門。（徐金財 攝）

醒。

初參加茶會者，對於茶會中的繁文縟節或許會有點不耐，但這種不耐，正是茶道想對治的——力求每一個平常、簡單的細節都能達到完美、確實，這是茶道的基本要求之一。

## 傳臨濟禪入日本的榮西

說起日本茶道的起源，和禪宗有密不可分的關係。日本原本不產茶，茶在中國宋代傳入，而把茶帶入東瀛的是著名高僧——榮西，這位日華文化交流史上的著名人物。

榮西（一一四一～一二一五年）十四歲就在比叡山出家受具足戒，所以歷代文獻上多記爲天台僧葉上房（日本天台宗僧有房號）曾在一一六八、一一八七年兩次入宋。

榮西第一次入宋在二十八歲，他搭乘日宋貿易商船到達明州，同行的還有後來對重建奈良東大寺有重要貢獻的俊乘房重源，兩人並一起到天台山、阿育王山禮拜。其間，宋國郡主曾經請榮西祈雨，傳說修法時，榮西身發千光，不久便下起滂沱大雨而解除了旱象，郡主賜他「千光」號，所以他也被稱爲「千光祖師」。

當時杭州一帶臨濟禪興盛，榮西本想停留明州廣慧禪寺習禪，但因爲聽重源勸告，只停留半年就回到日本。

第二次入宋，榮西年已四十七歲，他隨侍萬年寺虛菴懷敞學習臨濟宗黃龍派禪法；後來懷敞移天童山景德寺，他也跟著到景德寺，並在五十歲時受到臨濟宗黃龍派印可。接著，他打算到印度巡禮佛跡，於是前往南宋首都杭州，不過南宋官府不許，榮西這個願望終究沒有達成。

爲了回饋法乳之恩，榮西滯宋期間，曾投入萬年寺三門的左右迴廊、觀音院、大慈寺，以及天台山的智者大師塔院、天童山千佛寶閣等修造工作，得到當地官民的敬重。尤其南宋五山之一的天禪寺千佛閣，在建築時缺乏巨木，於是榮西發心回日本後，將送東瀛特產巨木來完成這座巍峨寶剎；果然回國後，他如約請人飄洋過海送來，千佛閣才得以在一一九三年完成，天童寺並送榮西一口鐘作爲還禮【註一】。南宋著名文學家樓鑰爲他的熱心與守諾感動，曾寫下〈千佛閣記〉一文紀念這段異國佛緣。

一一九一年，榮西回到日本，在鄭成功的出生地——肥前平戶（今長崎縣平戶）的小院行日本最初的禪規；又在九州地方建報恩寺、聖福寺，其中聖福寺成爲日本第一座禪寺。

日本佛教界並未馬上認同禪宗，尤其天台宗僧徒反對最爲強烈，進而影響了朝廷對榮西傳入臨濟宗的看法，使這個新興宗派遭到禁止的命運。但榮西並不氣餒，他寫了〈興禪護國論〉、〈出家大綱〉等文爲禪宗辯護。建仁二年（一二〇二年），終於獲將軍源賴家的護持而在京都建寺，新寺名爲建仁寺，寺名取自年號，山號爲東山。

台灣現在寺院多有寺名，但少用山號，不過因爲從前寺院多建在山

榮西禪師是最早將中土喫茶方式傳入日本者，建仁寺刻有茶碑以誌此事。

（徐金財 攝）

中，所以稱某某山某某寺。後來即使平地寺院也因襲這個傳統而有山號，於是山號也往往成爲寺院的別稱；更有以山號行於世、忘記其寺名的，例如中國大陸律宗名刹江蘇寶華山隆昌寺便是以山號著稱，很多人不知道該寺寺號叫隆昌寺。

爲了化解舊宗的反彈，榮西在建立建仁寺後，並非獨弘禪宗，而是同時弘揚天台、密、禪三宗。這項傳統，一直到東渡日本的宋代漢僧蘭溪道隆（一二一三～一二七八年）到這裡後，才使建仁寺成爲純粹的禪宗道場。時至今日，包含建仁寺在內的臨濟宗寺院，總數達六千餘座。

榮西的聲名漸著以後，到建仁寺習禪的僧侶也增多，其中最著名的當是在一二一四年到建仁寺謁見榮西、後來師事榮西門人明全的道元禪師。道元後來和明全相偕赴宋，成爲第一個將曹洞禪法傳到日本的祖師。

## 京都五山中的學問面

建仁寺是京都五山的第三位，人們說建仁寺的特色是「學問面」，寺域有許多塔頭，培養出許多傑出學僧。他們研究宋學、復刻宋元書籍，被稱爲五山版。五山版中的建仁寺版更是量多而精，像建仁寺塔頭兩足院所藏的五山版《景德傳燈錄》就是著名的版本。

由於僧侶們擁有深厚的漢學知識，江戶幕府還請這些學問淵博的僧侶們，作外交文件的起草和判讀的重要工作。更由於五山版書籍的刊刻，使漢文學、藝術及宋代的生活樣式都介紹到日本，日本人在這基礎上，又加入日本特有的風土人情，最後創造了

### 茶碗

漢語中的「碗」，日本人稱「茶碗」，即是由於茶對日本的影響，因為以前喝茶是用碗喝的。時至今日，日本人連吃飯的碗也稱茶碗。至於像「四頭茶會」專門用來喝茶的碗，日本人特稱為「天目茶碗」，因為茶碗最早傳進日本時所使用的茶碗，是中國浙江天目山一帶的寺院所流行使用的上釉黑色茶碗。

日本燦爛奪目的禪文化。

例如榮西不但把茶傳到日本，並大力推廣。他根據漢地、印度的文獻，把喝茶的功能、茶的栽培方法等寫成〈喫茶養生記〉一篇闡明喝茶的好處，因此也被日本人稱爲茶祖。因爲榮西和茶的這個因緣，所以在每年四月二十日，爲紀念榮西生忌，都會舉行保存了古來禪宗寺院茶禮的「四頭茶會」。茶會正面有絕海中津提贊的榮西畫像三幅，每人分配茶碗，再由四位青年僧侶，依序將熱水注入碗中，這正是宋代風行，如今連中國、台灣都已少見的「點茶」【註二】方式。

因爲建仁寺和茶有這等關係，寺的周圍也有許多和茶有關的建築式樣和活動。建仁寺旁的花見小路，沿路茶屋、懷石料亭林立，充滿了京都庭園風情。而每年五月初的「茶壺道中」，約百人擔著茶壺、大名的轎子在建仁寺、花見小路、八坂神社周邊列隊漫步遊行都是例子。

由於禪宗的修行，有著和日常生活密切結合的特性，傳入日本以後，自幕府將軍以下都大爲尊崇，甚至認爲是完成武士人格修養的最佳方法，禪宗思想經在位者的大力提倡，便逐漸融入日本人的生活中。所以除了茶道，其他如花道、書道、劍道等，也往往和禪宗有水乳交融的關係。

## 以百丈山爲藍本的建築群

京都附近寺院位在東、西、南、北四個頂點的大寺，分別是醍醐寺、仁和寺、東寺、延曆寺，而建仁寺則位在這四座大寺的十字交點之上。這一帶也是京都最熱鬧的地方，在這樣紛擾的地方，竟有一座寧靜的寺院。

建仁寺諸堂是以中國江西奉新縣的百丈山爲藍本，據說該山因爲有馮水自山上奔瀉而下，其勢高達千尺，所以稱百丈山；又因爲山勢超群，也稱大雄山。自從唐代百丈懷海入山建寺以後，大揚禪風，營建法堂、僧堂等，他並制定清規，改變原來禪師多居於律寺的傳統，而有了完整、獨立的禪院。所以，榮西作爲第一個在日本建立禪寺的法師，會以百丈山這個第一座完整的禪院爲藍圖，也就不足爲奇了。

不過，作爲臨濟宗建仁寺派大本山、京都最早建立的禪寺，在落成之後卻屢遭大火，多數堂宇毀於祝融，如今只有從前爲了迎接朝廷派來的敕使才開啓的敕使門（重文），是鎌倉時代的禪宗樣建築。現存堂宇包含敕

建仁寺的法堂又名拈華堂，係以佛陀拈華、迦葉微笑的典故命名。（王常怡 攝）

使門、三門、佛殿、本坊等呈南北一直線，都頗爲壯觀，左右則有許多塔頭寺院。

法堂又名「拈華堂」，是江戶中期一七六五年所建，也兼作佛殿。法堂是七堂伽藍中最重要的建築，以佛陀拈華、迦葉微笑的典故命名，更鮮明標舉了建仁寺是一座禪宗道場。法堂中央分別有釋迦如來坐像，和迦葉、阿難兩尊者立像。又禪寺法堂的天花板經常繪有蟠龍圖案，京都臨濟宗的七座本山，卻只有建仁寺的法堂沒有蟠龍圖。爲此，二〇〇〇年時，寺方一方面因正值龍年，一方面爲迎接二〇〇二年建寺八百年，決定也繪上巨幅「雲龍圖」（長十五點七公尺，寬十一點四公尺）。所以，如果在二〇〇二年以後到建仁寺，就可以看到和其他禪寺一樣有著雲龍圖的法堂。

位於西側的祖師堂，供養和漢的祖師們；而東側的土地堂，則供養少見的護法張大帝。根據日僧義堂周信（一三二五～一三八八年）的《日工集》一書記載，說祂是「廬山歸宗土地神也。大覺禪師在唐時，夢感示日本有緣，如此三度矣」；大覺禪師即蘭溪道隆，也就是說，蘭溪道隆會到日本弘法，張大帝是重要助緣，所以在建仁寺供養這位護法菩薩。

方丈是室町初期的建築（重文），據說是一五九九年從安藝國的安國寺移建到這裡，在所有禪宗方丈之中算是相當古老的。所以，在內部中央可以看到「小組格天井」【註三】，由於移建時結構上做了些許改變，所以柱子有桃山時代的特色。方丈的前庭，取百丈山的別稱大雄山而稱「大雄苑」，是白沙配上巨石，並向前面法堂借景的枯山水。

建仁寺鐘樓上的銅鐘，是鎌倉時代所鑄造，又稱爲陀羅尼之鐘。據說一到就寢時間，負責敲鐘的僧侶會邊敲鐘邊唱誦「觀音慈救陀羅尼」一萬遍，才有了這個稱呼。

## 大隱隱於市

近年建仁寺爲和一般市民的生活更加緊密地結合在一起，在暑假期間都會舉辦敲響「愛的鐘聲」活動而廣受好評。這是爲防範暑假期間青少年犯罪增加，而讓市內的青少年們也可以敲鐘，所敲次數是象徵人類煩惱數目的一百零八次。據說自舉辦此一活動後，參訪建仁寺的青少年多了兩、三成，不但敲鐘的人有了一個美好的夏日回憶，聽到鐘聲的人也心情變好、壓力消解，並想早點回家而不會深夜仍在外逗留。

建仁寺就是這麼努力地和當地人融合在一起，所以即使位在京都最繁華的花街祇園地帶，一旦身入寧靜的建仁寺，卻又不會給人格格不入的感覺。因此，當地人通常不叫它建仁寺，而像朋友一樣叫它「建仁樣」（kenninsan）。

建仁寺塔頭爲數眾多，在此僅列舉禪居庵加以介紹。禪居庵的開山，是敕諡大鑑禪師的漢僧清拙正澄。本堂摩利支天堂，是室町時代的唐樣建築，也是京都少見的日本中世禪宗式樣建築，堪稱貴重遺構。它所供養的摩利支天像，是由清拙正澄自漢地帶來、在台灣少見的神像。祂坐在豬上，原是古印度民間信仰，後來被佛教吸收。據說此尊菩薩善於護身、隱身，所以從前日本有許多武士、忍者特別深信此菩薩。現在則每到豬年，前來供養的人就特別多。

禪居庵還有一個名爲「棺割」的三疊大的茶席，據說大鑑禪師和百丈懷海禪師同月同日示寂，卻在被放入棺後，突然又睜開眼睛，對聞訊趕來的弟子們再授以戒法，傳授戒法的地方就是茶席所在，所以取名棺割。

古人說：「人隱隱於市，小隱隱於山。」當聲色攪動我們的心情時，或許只好避居山林以遠離聲色；但當聲色再不能左右我們的心緒時，那麼隱於市集之中，豈不是能夠接引更多人？站在建仁古寺內，我曾經這麼想過。

註1 ■ 這口鐘一直安放在京都建仁寺中，後毀於一五九〇年的「小田原之戰」。

註2 ■ 採摘茶葉後，讓葉子乾燥、粉碎後稱為「點茶」；之後再用石頭碾成精細的淺綠色粉末，即是抹茶。只有點茶碾成粉末才是「抹茶」，其他碾粉的茶稱為「粉茶」。

註3 ■ 日文「天井」即天花板。

建仁寺 東山區大和大路四條向南小松町 電話：075-561-0190
官方網站：http://www.kenninji.jp/

悠揚鐘聲別舊年

# 知恩院

知恩院的梵鐘上刻著「南無阿彌陀佛」幾個字，似乎在提醒著遊客，知恩院是日本國內外七千餘座淨土宗寺院的總本山。正因知恩院地位重要，近代高僧大德如太虛大師、聖嚴法師到日本時，都曾來此參觀訪問。

第一次在日本過新曆年，是在西元一九九五年，同年的耶誕日，京都下了第一場雪；一直到三十一日的除夕，雖然雪已經化了，但寒氣仍不時穿入厚衣，入人骨髓。即使如此，幾個朋友仍忍著寒風、呵著白氣，在三條車站會合後，便前往不遠處的目的地──知恩院。原以爲很早到了，想不到知恩院外已經排了數公里長的人龍，正是所謂的：「莫道君行早，更有早行人」【註一】，所有人都是爲聽知恩院的「除夜之鐘」而來。

## 百八鐘象徵破除百八煩惱

我們依序往鐘樓緩緩移動，到達鐘樓時，鐘已敲了幾十聲。那巨大的梵鐘，要幾個人才能合敲，使觀者讚歎不已！爲什麼大家不躲在家裡，卻要在隆冬寒夜裡，到知恩院聽鐘聲呢？

原來鐘是寺院報時、集眾所敲打的

知恩院的三門，是日本現存木構三門中最大的。（王常怡 攝）

法器，印度在召集大眾時，會擊木製的揵椎，但是到了漢地逐漸用敲銅鐘來取代。日本佛寺敲梵鐘的傳統也來自東亞大陸，他們會在除夕這天的晚上十二點，敲擊一百零八下，統稱「百八鐘」，象徵破除百八煩惱。

現代人誰的煩惱不多？日本人也不例外，便趁著除夕這天到佛寺聽鐘聲，不但可以懺悔己罪，又可將一年的煩惱，隨著鐘聲的遠颺而予以告別。所以聽過鐘聲後，就可以有無憂無慮的心情，來迎接新的一年。知恩院的梵鐘既大又有歷史，除夕夜敲鐘的實況，電視都會轉播，因此遠近知名。

知恩院的梵鐘重達一五〇〇〇貫（相當四萬公斤，也有說達一八〇〇〇貫），口徑二點七四公尺、高三點三三公尺，鑄造完成時，是日本最大的梵鐘，但因體積太重，吊鐘的環換了幾次，還是無法承受鐘的重量；直到當時著名的刀匠正宗村正兄弟兩人到知恩院參觀，聽到這件事後，便合兄弟之力，投入所有精力鑄造，終於

知恩院的梵鐘，只在法然上人的御忌日及除夕夜才會敲擊，故格外吸引遊客。（陳志榮 攝）

才使這口大鐘吊上去。經歷幾百年，如今只在法然上人的御忌大會（四月）和除夕敲「除夜之鐘」時，才會再敲擊這大鐘。也因爲難得一見，反而更能吸引遊客。

知恩院的梵鐘上刻著「南無阿彌陀佛」幾個字，似乎在提醒著遊客，知恩院是日本國內外七千餘座淨土宗寺院的總本山。正因知恩院地位重要，近代高僧大德如太虛大師、聖嚴法師到日本時，都曾來此參觀訪問。而成就此一伽藍的人物中，有兩位是不能不提的，一位是法然上人，一位是德川家康。

## 善導大師與法然上人

源空法師（一一三三～一二一二年），又稱法然上人、黑谷上人，是日本淨土宗開山祖師。「上人」一詞，原是對智德兼備、可以成爲眾僧及眾人之師的高僧的尊稱，如在唐詩中經常出現的靈澈上人。但是在日本，上人則特用於淨土宗與日蓮宗，日本朝廷也以此作爲僧位，敕授高僧。

法然上人曾閱讀一切經五遍，卻沒辦法悟得出離之道，後來讀《觀無量壽經疏》有悟，而決定在京都東山建立專修念佛的道場【註二】。法然上人之前，日本佛教雖有大小乘各宗，唯獨缺淨土宗，也就沒有淨土法門的教團，以確立淨土法門正依的經典和理論架構。雖然願生西方淨土的行者，代不乏人，但都依附在各宗的門下，法然上人有鑒於此，決定別開淨土宗。此後，上自朝廷公卿，下至武士、庶民，皈依者不計其數。但是，後來法然的兩位出家弟子，爲後鳥羽上皇寵愛的女官削髮剃度，激怒了上皇，不但兩位法師被處死刑，上人辛苦建立的念佛道場也毀於一旦，上人本人也以七十五高齡遭到流放；一直到一二一一年，才重新獲釋，回到京都。

影響法然上人至鉅的《觀無量壽經疏》，是唐代善導大師（六一三～六八一年）所著。該書主張一切善惡凡夫，都可依阿彌陀佛的願力往生極樂，並認爲讀經、禮拜、讚歎、觀察是助業，而稱名念佛才是正業。善導大師被尊爲淨土宗第三祖，也是曇鸞、道綽派的集大成者。他曾寫《阿彌陀經》十萬卷及「淨土變相」三百幅，對淨土宗的發展影響極大。

一九〇九年，日本學者橘瑞超等，在新疆高昌故址吐峪溝（Toyuk）附近，發現〈往生禮讚偈〉和《阿彌陀

阿彌陀堂是淨土宗寺院的重要建築。（陳建廷 攝）

位於知恩院阿彌陀堂旁的靈塔，有著紅色的塔身，聳立在黑色、原木色為主的建築群中，分外醒目。（陳建廷 攝）

經》的斷片，後者附有善導大師的發願文，可能就是他所書寫的《阿彌陀經》十萬卷之一，可見善導大師傳播淨土法門之宏遠。順便一提的是，台北名剎善導寺的寺名即是紀念善導大師，而此寺也正是日治時代，以知恩院爲總本山的日本淨土宗，在台北所設立的佛寺，原名「淨土宗台北開教院」。

一般認爲法然上人是日本宗教界中，最初的宗教改革者，甚至有人將他和馬丁路德的宗教改革相提並論，認爲如果沒有他，就沒有鎌倉、室町時代四百餘年間，日本淨土、禪、日蓮等各宗的發展與振興，也就不會出現親鸞（法然之徒，創淨土眞宗）、一遍（創淨土宗流派之一的時宗），也應沒有日蓮（創日蓮宗）、道元（傳曹洞禪）吧！

知恩院本身也是人才輩出，較爲世界佛教學者所知的望月信亨（一八六九～一九四八年），是知恩院第八十二代住持，從一九〇六至一九三六年，花了三十年編纂《望月佛教大辭典》及佛教大年表，成爲世界各國佛教學者不可或缺的工具書，台灣則包括《佛光大辭典》在編纂時都多所引用。

## 殿堂流傳的傳奇故事

今天的知恩院，是法然上人的弟子源智上人爲了報恩，在一二三四年所建，但能夠有今日大小共一〇六棟建築規模的佛寺，則和日本史上最傑出政治家之一、江戶幕府的締造者——德川家康的態度有關。

德川自稱是法然上人的崇拜者，經德川家前後三代幕府將軍供養加建的知恩院，成爲德川氏的菩提寺（安置祖先牌位以祈求冥福而建的寺院）。今天的知恩院，幾乎所有的建築物都是江戸時代遺留下來的。

偌大的伽藍在建造時，處處流傳著傳奇。像知恩院三門的構造與規模，是日本現存木造三門中最大者。三門在日本原本只限於禪宗寺院才有，但知恩院卻予以採用，這在當時可說是劃時代的。知恩院的三門匾額上寫著「華頂山」的金字，代表了知恩院的山號。這座巍巍矗立的三門在建造時有個悲傷的故事：那是應幕府將軍之命建造三門的木工夫婦，雖然爲知恩院建造了最好的三門，但卻超過預算，夫婦倆爲了負起責任而自殺。後人爲了紀念這對夫婦，便將白木棺放在三門上，所以到現在，三門樓上仍放置著兩個白木製作的棺，裡頭分別收藏代表這對夫婦的木像。

進三門後的階梯很陡，再次踏上平地，進入眼簾的便是一座龐大的大殿。這座長五十公尺、高三十五公尺的建築物就是——御影堂，也是知恩院最大、最重要的建築物。御影堂祠法然上人，正面靠外側的地方，可以看到一支只剩傘骨的傘。據說知恩院第三十二代靈嚴上人在建御影堂時，住在這裡的白狐，因爲自己的棲居之處即將失去，於是拜託上人幫牠建立新居，上人果然依約建好；白狐爲了答謝，乃將傘放在知恩院，承諾從此保護知恩院。由於年久月深，現在雨傘只剩骨架。

從御影堂到集會堂、大方丈、小方丈，全長五五〇公尺的走廊，被日本人稱爲「鶯張的廊下」，因爲走在這條用木頭鋪成的地板上，會發出像鶯

御影堂為知恩院最大、最重要的建築物，
內祠法然上人。（王常怡 攝）

啼般的聲音，而且愈想靜靜地走，愈會發出聲音。不過，這卻不是年久失修，而是爲了防止外人入侵而刻意設計，具有警報裝置的功能。知恩院在江戸時代既是德川家的菩提寺，所以知恩院的大、小方丈以前常是達官貴人休息過夜的地方，爲了防止謀殺、政變的發生，特別做了這樣的設計。此外還有一說，如果站在這條迴廊，聽到的鶯啼聲會很像日文：「快來聽聞佛法喲！」的發音，因而有「鶯張的廊下」的稱呼。

大方丈入口走廊的樑上，還放著一根長達二點五公尺、重量約三十公斤的大杓子。據說在「大阪夏之陣」時，一位孔武有力的武士拿著大杓子到處爲士兵盛飯。因爲盛飯的盛，日文作「掬」，發音和日文「救」的發音一樣，所以後來置於知恩院，以表阿彌陀佛慈悲普救大眾的深願。

## 台灣少見的轉輪藏

在書店常可見到旋轉壓克力書架，站著不動就能尋找書籍，非常方便。其實，旋轉書架在古代就已發明，知恩院的「經藏」（重文）即是這種書架——典型的「轉輪藏」，收納有宋朝開元寺版藏經五千六百餘卷。

所謂「轉輪藏」，又稱輪藏、轉關經藏，也就是將藏經

樓中所使用的書架，設置機輪以便於旋轉。一般是將藏經的搭棚做成八角形，下面安置車輪，中央部分在天花板與地板之間裝一柱子，以便迴轉搭棚。因爲可以旋轉，轉輪藏可以很容易找到所需經卷。

知恩院三門旁的行者橋坐落在白川上，寬僅65公分。據說從前徒步巡禮比叡山諸峰（「回峰行」）的行者，在結束修行後，若欲進入京都市街，最早要過的橋即是此橋，所以稱為行者橋。（徐金財 攝）

知恩院爲了莊嚴經藏內部的輪藏，還在四周的天花板和牆壁上都彩飾了各種圖案，包括奏樂天人、草花、雲中的靈獸、鳳凰等飾繪，令人讚歎！

淨土美術是日本美術的主流之一，淨土宗總本山更有許多此類瑰寶。其中，《法然上人繪傳》被視爲該寺的鎮寺之寶。日文所謂的「繪傳」是繪卷的一種，而繪卷是指由文字和相關繪畫配合而成的卷本，凡是高僧傳記、寺院緣起等都可成爲繪卷內容。日本繪卷盛行的巔峰是從藤原末期一直到鎌倉時代，而這幅長達四十八卷的繪傳，規模龐大、卷數浩瀚，是少見的傑作。它的內容描繪了法然上人從誕生到往生的傳記和思想，一直以來都是日本皇室和幕府將軍家所喜愛並經常翻看的繪傳。

## 輪藏

創始於南朝．梁善慧大士傅翕，據《釋門正統》卷三〈塔廟志〉的記載：「初梁朝善慧大士愍諸世人，雖於此道頗知信向，然於贖命法寶，或有男女生來不識字者，或識字而為他緣逼迫不暇披閱者。大士為是之故，特設方便，創成轉輪之藏，令信心者推之一匝，則與看讀同功。」也就是說，輪藏是善慧大士發明，世人透過這樣的輪轉，即使沒有誦讀，也有功德。

日本人不但把畫變成繪卷，也把畫畫在衣服上。有一回從戀街道（Love Road）走到知恩院時，看見一大群穿著畫了各色圖案的友禪和服，洋溢著青春歡顏的日本女孩，像潮水般從知恩院湧出，一時之間，像身陷繽紛的蝴蝶谷中，被她們身上的羽翼——「友禪染」和服所深深吸引。後來才知道，那天是知恩院附屬高職華頂女中的畢業典禮，畢業生都盛裝參加。

所謂的「友禪染」，是江戶時代開始盛行、日本人至今都引以爲傲的一種高難度染色技巧，一般認爲即使到今天，也還沒出現超過友禪染的染色技術。這種染法使和服上的圖案可以極端複雜，一件和服可以變成一幅瑰麗無比的藝術品。而紀念友禪染發明者——宮崎友禪的庭園「友禪苑」，也在知恩院裡。

註1 ■取自《增廣賢文》：「莫道君行早，更有早行人。莫信直中直，須防仁不仁。山中有直樹，世上無直人。自恨枝無葉，莫怨太陽偏。大家都是命，半點不由人。」此書內容輯錄古聖先賢流傳下來的經典書籍，例如四書、五經、《左傳》、《史記》、歷代詩詞等編寫而成。

註2 ■原址即今知恩院的勢至堂。

知恩院 東山區林下町 電話：075-531-2111
官方網站：http://www.chion-in.or.jp/

清水舞台懸崖上

# 清水寺

依音羽山的起伏山勢而建的清水寺，
整個建築與自然景色融為一體，是日本北法相宗的總本山。
站在清水舞台上向外眺望，京都市景盡收眼底，
它亦獲登錄為聯合國「世界文化遺產」之一。

假如你是第一次到京都且只能停留一天，那麼也許漫步到清水寺會是一個很好的選擇，因爲那裡展望佳，周邊也盡是濃濃的古都風情。

參訪清水寺，得爬一段陡陡的山坡。如果一口氣爬完，只怕要滿頭大汗，但通常不會出現這種狀況。理由是，人們走在這段山路時，很難不被周遭的京都風情所深深吸引。

## 懸崖上的佛寺

清水寺引人入勝的地方不僅在寺院本身，也在它和整體環境融爲一體。這些小路不少是石板路，其中二年坂、三年坂、清水坂及茶碗坂等，都是人潮沓踏的小路。茶碗坂是過去製作京燒或清水燒【註二】的窯場集中地，如今清水燒店家櫛比鱗次，由於幽靜，旅人較少，反而比著名的二年

每到賞櫻、賞楓季節，清水的舞台總是站滿遊客。（本社資料）

坂、三年坂更有參拜清水寺的氣氛。

清水燒是日本九大名窯之一，或許受到禪宗的影響，多數看來色澤深厚、質感素樸簡古，甚至觸感粗糙。但正因這種沉靜淳眞的拙趣，反而更耐人尋味，是收藏家的最愛，清水燒實在爲京都增添了樸質卻優雅的氣質。

二年坂和三年坂這兩條雅致的坡道兩旁，林立著賣「千枚漬」（大頭菜圓片）、紫蘇黃瓜、蘿蔔等醃漬物的醬菜店，賣古董、清水燒、京扇子、京人形、斗笠果子狸立像、招財貓等傳統工藝品店及京果子等食品老店，使整個坡道及兩旁商家都列爲傳統建築保存區，散發著古色古香的氣氛，漫步其間，再怎麼遲鈍的人，也一定會感覺到自己正徜徉千年古都之中。

清水寺前的商家能吸引眾多觀光客，是所有商家共同參與的結果。日本的名勝古蹟附近，都會設置類似觀光協會及商店連合會之類的組織，對街景的維護、保存等貢獻心力，才使觀光地區的發展得以持續活絡。所以，羅馬不是一天造成的，清水寺門前的優雅環境，也同樣是眾人辛苦共同經營而來。

走到清水寺，首先進入眼簾的，是一對石獅。這對石獅和日本一般的石獅不一樣，因爲它們隨時仰天笑著。據說爬坡到達這裡的人都已精疲力竭，所以寺方爲體貼信眾，特別在仁王門前擺放這對開懷大笑的獅子，讓看到石獅子的人，都能隨之一笑而轉換心境，以愉快的心情參訪這座遠離塵囂的佛寺。

從這裡看清水寺，會看到的建築物是笑獅子後面的仁王門及三重塔。清

仁王門前一對笑獅子，讓爬坡至此的遊客，都能隨之轉換心境。（本社資料）

水寺的仁王門是京都最大的，斑駁的丹漆，透顯出歲月的痕跡；旁邊的三重塔則是日本最大的一座，高達三十公尺以上，夜間打上燈光，更顯它豔麗的風采。

依音羽山的起伏山勢而建的清水寺，建築與自然景色融爲一體，是列爲「世界文化遺產」的原因之一。清水寺也是日本北法相宗的總本山，山號音羽山，更是日本西國三十三所巡禮的札所之一。

所謂西國三十三所，是指日本近畿地方三十三個觀音道場，三十三這個數字，一般認爲是源於《法華經·普門品》所說的三十三身。日本佛教徒有巡禮三十三所（靈場）的傳統，每個靈場有各自的「御詠歌」，這些觀世音菩薩的信仰者，依不同靈場，要唱誦不同的御詠歌。

日本的佛寺建築，在許多方面承襲了唐宋風格，清水寺也不例外。不像明清以來的漢地佛寺，到處大紅大綠，寺內處處是單純的原木本色，也就更加散發出典雅和素樸的質感。

## 清水的舞台

清水寺主要建築因平安末期被捲入興福寺和延曆寺之爭，經常燒毀。如今的堂宇，是西元一六三三年，由江戶幕府第三代將軍德川家光重建。

清水寺的本堂，也就是大雄寶殿（國寶，一六三三年重建），內陣中有安置祕佛本尊千手觀音、毘沙門天、地藏菩薩的三個廚子【註二】，本尊廚子的周圍，還安置了千手觀音的眷屬二十八部眾，以及風神、雷神像等。本尊四十二臂千手觀音立像（國寶）造型特殊，和一般的四十二臂千手觀音

夜間打光的三重塔，更顯其豔麗風采。（張錦德 攝）

不一樣，最上面的左右二臂，高舉一尊小如來像過頭，所以這尊造型特殊的觀音像特稱爲「清水型」觀音，據說具有特別的觀音力，三十三年才開扉一次。

從本堂南正面延伸出去的「舞台」，一般稱爲「清水之舞台」，面積約一九〇平方公尺，使用原木在離地十二公尺以上的錦雲溪懸崖邊搭建而成。神奇的是，舞台支架未用一釘，只靠著一百三十九根木柱，縱橫交錯支撐，由下方往上仰望，更覺清水舞台的宏偉。

舞台原本是在佛菩薩前表演舞樂等活動的眞正舞台，而非僅具裝飾作用，所以東西兩端的翼廊有「樂舍」。以前有一些日本人相信向觀世音菩薩許願，若所許的願望能成，那麼從舞台上跳下會身體無傷，即使因此身死，也能往生善處。所以，自古以來有不少人從舞台躍身而下。即使到今天，日本人爲表明自己的想法絕不改變時仍會說：「從清水的舞台跳下。」當然這種風氣畢竟不好，明治維新後不久的一八七二年，日本政府便嚴令禁止，還加上欄杆、寺僧終日警備，這個風氣才消失。

由舞台向外眺望，視野遼闊，京都市景盡收眼底。而且隨著四季輪替，不管是春天的櫻花、夏天的瀑布與翠綠、秋天燃燒到天際的紅葉，或是冬天紛飛的細雪，都可以從這裡一覽無遺，清水的舞台，彷彿是爲了證明京都之美而存在。

在本堂下方壁岩，有一音羽之瀧，是另一處著名的觀光景點。「瀧」是日文瀑布的意思，清水寺的音羽之瀧聲名遠播，寺名便是由於這條瀑布的

## 瀧行

是一種在瀑布中修行的活動，清水寺這項傳統從開山延鎮上人就流傳至今，是台灣未聞的一種修行活動。他們認為通過瀧行，可以使人和大自然融合為一體，肉體自然復甦，並打開心胸、淨化心靈。不過，這個活動有許多規定，患有高血壓、低血壓和心臟病者不能參加；要保持恭敬、清潔、不喧鬧，對一木一草不可破壞。入瀧之前，要先打坐以鎮定身心，尤其頭部要多活動；在瀑布中不可低頭，以免水力打到後腦部等等。

清澈泉水而來。用李白的詩句：「飛流直下三千尺，疑是銀河落九天」【註三】來形容也許稍嫌誇張，但從舞台上看、聽這條歷經千餘年而從未枯竭的瀑布，實在如夢如幻，不知天上人間！

音羽之瀧自空中飛墜而下，分三處汩流，日本人認為這三泉，從右起分別代表長壽、財運和求學順利，所以寺方特別建接水亭以接水。遊人至此，莫不以長杓盛水，不管是不是佛教徒，基本上可安心飲用，因為寺方很細心地用紫外線為長杓殺菌。

## 月照、譚嗣同、太虛

成就院是清水寺的塔頭，在寺域的北邊，庭園是江戶初期典型的借景、池泉迴遊式庭園，被稱為「月之庭」，乃日本國指定名勝。平時不開放，只在秋季的特別公開時期開放。

成就院昔日住持月照上人（一八一

清水寺的音羽之瀧，分流成代表長壽、財運、求學順利三泉，深受遊客喜愛。（王常怡 攝）

三～一八五八年）的行跡，曾感動中國清代末年的志士，並進而影響民初大陸的佛教運動。月照十五歲時，投成就院藏海出家，二十三歲成爲成就院的住持，常評論時事，述尊王大義。一八五四年二月，他將該院交給弟弟信海掌管後，即雲遊四方，觀察世局。

當時日本因美日通航，時人多高唱尊王攘夷，月照和西鄉吉兵衛（隆盛）、近衛忠熙等人企圖勤王，便投身京都「尊王攘夷」運動。安政大獄時，遭幕府追捕，月照和薩摩藩的西鄉吉兵衛等人避難鹿兒島城，但薩摩藩恐被波及，不許他們停留，只好又逃往日向。

但幕府仍步步追捕，月照和西鄉隆盛在前無去路、後有追兵下，兩人同時躍入錦江灣中，月照不幸罹難，年四十六歲；西鄉則被救起，倒幕成功後，成爲明治維新的重要功臣。

這件可歌可泣的故事，感動了譚嗣同（一八六五～一八九八年）。譚曾從楊仁山學華嚴、唯識，所寫的《仁學》受佛學影響很深，並曾與梁啓超

本堂大殿前方的「舞台」，未用半根釘子支撐，而是靠綜橫交錯的木柱取得支撐力。圖為柱下的小石佛。（周玉勳 攝）

等名士相交。中日甲午戰後，光緒帝決定和日本一樣，變法維新，並在一八九八年付諸行動，譚被委以重任，任命爲軍機章京，奔走於如麻的新政上。但慈禧旋即發動政變，譚嗣同被殺，成爲「戊戌六君子」【註四】之一。

譚嗣同原本可以不死的。政變發生後，梁啓超避難日本公使館，由日本代理公使林權助處理一切流亡事宜；譚嗣同則「竟日不出門，以待捕者」，後來到日本公使館見梁，卻不尋求政治庇護的途徑，而只將著作、文稿託付梁。

他對梁啓超說：「不有行者，無以圖將來，不有死者，無以酬聖主。今南海之生死未可卜，程嬰、杵臼、月照、西鄉，吾與足下分任之。」還留下「我願將身化明月，照君車馬渡關河」，這句讓梁啓超激動不已的話。譚希望梁啓超成爲西鄉隆盛，而自己則決定成爲月照上人般爲振興國家而犧牲【註五】。

譚嗣同的這種大愛思想，深深感動民初的太虛大師，大師在西方寺和溫州華山論辯，看到譚嗣同的《仁學》、梁啓超的《新民說》等書大爲動容，乃一轉先前的超俗入眞觀，變成迴眞向俗。

在幾次演講中，都以「佛法與救國」、「發揚中國文化與佛教以救國救世界」等爲講題，可謂用心良苦。後來太虛大師到日本參訪諸寺時，還到過清水寺兩次，他應該想起月照上人及譚嗣同的舊事吧？即使今天在台灣，仍有人記得那名句，像台灣昭慧法師就以《我願將身化明月》當作書名和讀者結緣。

今天清水寺的北總門，原本是成就院的正門，所以門的北邊仍有月照和他弟弟信海的歌碑供人憑弔。只是，不知有多少人聽過「我願將身化明月，照君車馬渡關河」背後這段鮮爲人知的天寶舊事？

## 戀人必至的地主神社

在清水寺本堂北方有一座地主神社，入口大大的「緣」字，標識著它的性質——祈願戀愛的神社，其中最受年輕女性歡迎的是「占戀石」。所謂的占戀石，是指從大門進去後，所看到的兩顆相距約十公尺的石頭，據說只要能閉著眼睛從一顆走到另外一顆而沒有失誤，許願結緣的願望就會實現。此外，這裡的櫻花稱爲「地主櫻」，也是一處賞櫻勝地。

地主神社和清水寺同處一地，初遊日本的人，也許分不清神社和佛寺的不一樣；或知道不同，但並不知爲何會有這種共存現象。其實這涉及到佛教傳到日本後，和日本原有的神道教融合、吸收的問題。

佛教在日本弘揚日廣後，神道教開始處在附庸地位，到了平安朝末期，開始盛行「本地垂跡」說。也就是將日本固有神道教諸神，看作是佛菩薩的垂跡，並對各神明附以「權現」【註六】的稱呼，來表示是佛菩薩的隨機應化，於是逐漸形成神社和佛寺同時存在的情況。

佛教從南亞次大陸傳到亞洲大陸，再傳到東方島國日本，中間建築形態、布置等都吸收了各地的文化，並從中發展出特色。如果能體認到這一點，那麼走在像清水寺這樣的日本寺院，就比較能夠以欣賞的角度去看待

這種情形。

不管是清水寺或地主神社，每天都湧入潮水般的遊客，但其建築仍維持得很乾淨，令人讚歎！古蹟的維護，需要無數人盡心盡力才能看到成果，但做得好時，不只是飲水思源的表現，後人也可以感受到先人的智慧，並和古人神交，現實上也可以帶來鉅大利益。

因爲當文物古蹟眞的可以代表一國一地的特色，並進而吸引大量遊客時，其中便蘊藏了無限商機。日本人稱文物古蹟爲「文化財」，似乎也有弦外之音，看到清水寺連綿不絕的人潮，信焉！

註1 ■ 燒是指日文的燒物，燒物是陶、瓷器的總稱。

註2 ■ 指安置佛像、舍利、經卷等佛具器物設施。

註3 ■ 出自唐朝李白的《望廬山瀑布》一詩：「日照香爐生紫煙，遙看瀑布掛前川。飛流直下三千尺，疑是銀河落九天。」

註4 ■ 指清朝光緒二十四年（一八九八年，農曆戊戌年），由於戊戌變法失敗而被慈禧太后殺害的六名主要參與者，包括譚嗣同、林旭、楊銳、楊深秀、劉光第、康廣仁。

註5 ■ 譚嗣同、梁啓超及太虛大師受彼等影響事，可參閱梁啓超的《戊戌政變記》、印順法師的《太虛大師年譜》等著作。

註6 ■ 指化身為日本神祇的佛菩薩。

清水寺 東山區清水 電話：075-551-1234
官方網站：http://www.kiyomizudera.or.jp/

# 洛西

- 天龍寺
- 金閣寺
- 龍安寺
- 妙心寺
- 西芳寺
- 神護寺
- 高山寺
- 仁和寺
- 廣隆寺
- 清涼寺

（王常怡 攝）

曹源一滴到天龍

# 天龍寺

落成於一三四五年的天龍寺，居京都五山第一位。
但是隨著多次大火及室町幕府的衰亡，天龍寺日趨沒落；
即使如此，由於它在文化交流史及日本禪宗發展具有特殊地位，
仍被聯合國教科文組織列為「世界文化遺產」。

「千里鶯啼綠映紅，水村山郭酒旗風。南朝四百八十寺，多少樓台煙雨中。」這首詩呈現杜牧眼中的江南，不過用來形容日本嵯峨嵐山風景區也極爲貼切！

如今眞到江南，可還見得酒旗樓台？尤其經文革劫火，古寺幾被破壞殆盡，許多人到了嵐山，反而覺得這裡更像是「夢中江南」。民主人士方勵之到嵐山時，曾說這裡的景色：「使你感到宛如置身在桐廬的富春江畔，忘卻這是異國了……」

而在嵐山龜山公園的一座漢文詩碑上也寫著：「雨中二次遊嵐山，兩岸蒼松，夾著幾株櫻。到盡處突見一高山，流出泉水綠如許，饒石照人。瀟瀟雨，霧矇朧；一線陽光穿雲出，愈見嬌妍。人間的萬象眞理，愈求愈模

天龍寺的鬼瓦生動，充滿趣味。（吳懿儒 攝）

糊，模糊中偶然見著一點光明，眞覺愈嬌妍。」【註二】所以，嵐山是少數能到日本的中國大陸人士爭相往視的。

當看到橫架在大堰川上著名的渡月橋時，就知道嵐山到了。大堰川上隨時都有扁舟點點，水域雖不寬，但因河床時有落差，河面披上不少白練。嵐山之美不在高大，而在其多變的山色，古來日本人就這麼吟誦嵐山：「春來櫻花盛，落花如雪遍山野；秋來紅葉豔，錦繡嵐山入黃昏。」櫻花盛開時，滿山彷彿飄雪；而到楓紅時節，火燒的紅葉，即使大白天都讓人以爲已是黃昏。尤其嵐山之中多古剎，深秋蕭瑟的淒涼美感，透過鐘聲傳出，更是遊客嚮往的京都風情。

不過日本四季分明，月月都有不同的花可賞。即使隆冬，仍盛開山茶、

看到橫架在大堰川上的渡月橋時，就知道嵐山到了。（胡德揚 攝）

梅花，而嵐山天龍寺就是冬天賞花的「名所」之一。事實上，幾乎整個嵐山地區都曾是天龍寺寺域，可以說是天龍寺的「後花園」。

名爲天龍寺的佛剎不只在京都，山西太原附近也有天龍寺，和響堂山同是北齊佛教文化的代表。

嵐山天龍寺的建寺過程值得一提，因爲它流傳著漢和交流史上的一段佳話。

## 天龍寺船與文化交流

由於日本政局的演變，足利尊氏起而反對建武新政，日本分裂爲南北朝。南朝的後醍醐天皇在吉野山中即將往生前，心中對國事充滿無限遺憾！《太平記》卷二十一提及他說完「玉骨縱埋南山苔下，魂魄常望北闕之天」後，就嚥氣了！南山就是吉野

山，而北闕指的正是皇居所在的京都。

足利尊氏和他的兄弟直義也許從別人那裡聽到這句話，除了在日本各地建安國寺、利生塔，並準備建立一座新寺院，以撫慰後醍醐天皇，及因南北朝對立而死於戰亂的無數士兵。所以，「怨親平等」是這所新寺創建時的精神。

新寺位在原後嵯峨上皇（西元七八六～八四二年，嵯峨嵐山的嵯峨即是為了紀念這位天皇）營建的離宮——龜山殿，剛好後醍醐天皇幼時曾在這裡學習，所以更具深意。新寺本名曆應資聖禪寺，以夢窗疏石禪師（一二七五～一三五一年）為開山。曆應之名是創建時的日本年號，但後來改名為天龍資聖禪寺，據說是因足利直義作的夢：有一夜，他夢見境內之南的

天龍寺是臨濟宗天龍寺派大本山，全稱靈龜山天龍「資聖」禪寺。（張晴 攝）

大堰川中有巨大的金龍飛昇，龍一向被視爲佛教的護法，所以改成現在的名字。

雖有建寺之議，但當時正逢國家大亂之後，建造資金的籌措是大問題，夢窗疏石禪師認爲解決之道是和中土重開貿易，這項提議獲得幕府同意，結果此舉也爲室町時代的經濟、文化發展帶來鉅大的影響。

擔負這個貿易大任的載具，即是著名的「天龍寺船」（當時稱爲「造天龍寺宋船」）。這批貿易船值得注意，是因爲蒙古攻打日本後，兩地官方承認的貿易早已斷絕。一三四一年，足利直義對夢窗疏石說次年秋將給予兩艘船渡宋，疏石於是推舉博多（今福岡）商人至本爲綱司（船長），直義答應了他的推薦。

當時至本大膽約定，不論商業買賣

於1899年重建的大方丈，是天龍寺最大的建築物及舉行法會的場所。（陳建廷 攝）

的損益如何，將來回到日本都會奉納現錢五千貫文。一三四二年秋，至本一行人渡元、一三四五年回日，天龍寺因而得以順利落成。

天龍寺船可以算是在幕府保護下的一種半官營商船，在此之前雖有入元商船，但多屬商人私有，所以天龍寺船的派遣別具意義，和漢兩地貿易從此之後，一直到明代海禁之前，不僅通商不輟，文化交流更邁向另一個高峰。

《大通禪師語錄．年譜》記載，天龍寺曾派遣商船求藏經於元。由此可知，初時船的派遣雖是爲了資金，但後來也及於經藏等書籍的輸入。當時日本五山盛行開版事業，不論禪僧語錄及外典、詩文集等，不少是從這個管道輸入。此外，其他從元朝傳來的優質文物如瓷器、繪畫等，都成爲後來的寺寶，特別是青瓷，被行家所珍視，而稱之爲「天龍寺青瓷」。

十四、五世紀，是令日本人著迷卻又覺矛盾的時代：政治雖然混亂，但室町時代在文化藝術的發展上卻頗爲輝煌，直到今天都普遍爲日本人所讚歎，這與天龍寺船的劃時代創舉頗有關聯。

## 京都五山第一位

天龍寺在一三四五年舉行落成法會，當時的規模較之現在大得多，境內有塔頭、子院共一百五十寺，是京都五山第一位。但隨著室町幕府的衰亡，加上先後八次毀於兵火，天龍寺日趨沒落！現在寺中所見多爲明治時代重建的建築，古建築幾乎難以看到。即使如此，由於它在文化交流史及日本禪宗發展上具有特殊地位，仍

曹源池為一借景式庭園，是現存池泉迴遊式庭園的最早遺構。（張晴 攝）

被聯合國教科文組織列爲「世界文化遺產」。

遍植黑松的天龍寺，建築布局受禪宗影響頗大，三門、佛殿、法堂、方丈都在一直線上。其中，大方丈在一八九九年（明治三十二年）重建，是天龍寺最大的建築物，南北長二十八公尺、東西寬二十公尺、高達十四公尺，是舉行法會的場所。

位於大方丈之西的是天龍寺最著名的景觀——曹源池庭園，據說天龍寺八次毀於兵火，唯獨這個庭園倖免於難。庭園的設計者，是提出天龍寺船之議的夢窗疏石禪師。

夢窗曾歷任臨濟宗天龍寺、相國寺開山，此外也曾在正中二年（一三二五年）受後醍醐天皇之敕而住南禪寺。他的傑出弟子輩出，如春屋妙葩、義堂周信、絕海中津等，對五山文學的興隆有莫大貢獻。

在武家社會中，不知何時會因出戰而殞命的武將們，被迫對死生大事要有所了悟，故許多武人致力親近禪師參禪辦道。例如北條時賴和道元希玄、武田信玄和快川紹喜，或江戶時期的柳生宗矩和澤庵宗彭等，而夢窗國師爲最具代表性的禪師。

當時皈依者無數，上自後醍醐天皇、將軍足利尊氏和其弟直義等皆來皈依，他也因爲這樣而被尊爲「七朝

▲在日本，地藏菩薩像台灣的土地公（伯公）一樣，處處可見。（吳懿儒 攝）

帝師」。但他一生不求名利、不近權門，性喜靜寂山水，所謂「志在煙霞」【註二】。

曹源池是現存池泉迴遊式庭園中最早的遺構，除了一泓清水，還有汀、島配合，沙白松綠，有如醒目的大和繪景觀；曹源池又是一借景式庭園【註三】，龜山、嵐山成爲最鮮活的屏風；加上靠近山際處的奇岩「龍門之瀧」（瀧即瀑布）石組【註四】，令人想起唐宋元時期水墨畫中的深山幽谷景致，這石組由兩塊巨岩爲中心，靈感來自《後漢書》登龍門故事。瀑布前由天然石頭所架成的石橋，相傳是日本年代最久遠的石橋。

曹源池纖細卻鮮活躍動的池庭構造和石組手法，對室町時代以後的枯山水庭園頗有影響，也使曹源池成爲日本第一座被列爲特別史蹟、名勝的大型日本庭園。

## 天龍寺的看板

京都的許多寺院到現在仍有講經活動，第一次到天龍寺時，看板上寫著將講《碧巖錄》，這引起我的興趣。

《碧巖錄》全稱《佛果圓悟禪師碧巖錄》，也稱《碧巖集》，宋禪僧雪竇重顯曾從禪宗語錄中選出百條「公案」（稱「頌古百則」）以教示學禪者。宋徽宗政和初，名僧圜悟克勤於澧州（今湖南澧縣東）夾山靈泉院加以評述，因靈泉院方丈室有「碧巖」兩字匾額而得名。但圜悟弟子大慧宗杲依「教外別傳，不立文字」的眞趣，一天突然將之燒棄。所以書成之後，中土叢林二百年間未見，據說今天所傳，是後人從灰燼中搶救出來的。

禪對日本文化的影響是無遠弗界

### 曹源一滴

據說夢窗疏石修此庭園時，從中發現一顆記有「曹源一滴」四字的石頭，乃將此池命名為「曹源池」。「曹源」之名也點出天龍寺的宗風，原來中土把一切能承傳六祖惠能「頓悟禪」者稱為「曹溪一滴」或「曹源一滴」，理由是惠能曾在中國廣東韶州府曹溪說法度化眾生，後人於是把「曹溪」代表六祖。在南宗禪的禪徒心中，曹溪和禪宗初祖達摩面壁之處的河南嵩山少林寺一樣，具宗教根源性的象徵意義。

天龍寺飛雲觀音像，是一尊很特別的觀音像，因附近是二次大戰犧牲的神風特攻隊等日軍的慰靈地，藉著立這尊像祈願菩薩護佑全世界飛行員及飛行機具。觀音手中所捧之物包括十字架，象徵超越佛教而護佑所有人類。（陳建廷 攝）

的，除了爲我們所熟知的「茶禪一味」之外，還有所謂的劍禪一如、俳禪一如、弓禪一如等。若欲知日本傳統文化的根幹而不解禪，則所謂理解日本文化實在是空談。而《碧巖錄》是瞭解日本禪學的重要書籍，一般學者認爲這本書對日本禪宗的影響大於對中土禪宗，在日本甚至被尊爲宗門第一書，和《無門關》（宋禪僧無門慧開所指評的古人公案四十八則）並列爲兩大公案書籍。至今，在日本禪寺中仍經常講說。

看板上的《碧巖集》，令人聯想到天龍資聖禪寺之名，會不會和著《碧巖錄》的雪竇重顯有關？因爲位於明州、宋代十刹第五的雪竇寺，原名即爲資聖禪寺，自日僧中巖圓月以後，常有日僧至此掛錫。

而被稱爲「碧巖百則」中的絕唱：「聞見覺知非一一，山河不在鏡中觀，霜天月落夜將半，誰共澄潭照影寒？」一頌，又令我想起興建曹源池的夢窗國師，至於什麼時候可以好好翻閱《碧巖集》，那只有隨緣了。

註1 ■ 周恩來一九一九年所寫，當時他在日本留學。

註2 ■ 語出唐代李珣之詩〈定風波〉：「志在煙霞慕隱淪，功成歸看五湖春……」

註3 ■ 將庭園之外的優美景色考慮在內，而置其於設計的庭園。

註4 ■ 石組在日文中，是指庭園中庭石的配置。

金碧輝煌耀鹿苑

# 金閣寺

曾被多位日本著名作家引為寫作題材的金閣寺，是室町時代的代表性建築。

該寺正式名稱為鹿苑禪寺，因寺內主要建築舍利殿的外牆全以金箔裝飾，而以金閣寺聞名於世。

相國寺固然在日本相當知名，但相國寺的末寺金閣寺更是名震寰宇，和富士山同列爲外國人士對日本的最初印象。

## 曾是日本政治中樞

金閣寺的所在地，在鎌倉時代曾由藤原公經【註一】在這裡建西園寺、山莊，所以一直由公經子孫西園寺家族所有。西園寺一族代代官居具有朝廷和鎌倉幕府間聯絡角色性質的「關東

申次」要職，但在鎌倉幕府滅亡後不久，當時掌管西園寺一家的西園寺公宗，藉招待後醍醐天皇到西園寺的機會，企圖暗殺天皇而遭處決，西園寺家龐大資產遭到沒收，西園寺逐漸荒廢。

西元一三九七年，室町幕府極盛時期的掌權者足利義滿用他河內國的領地，和西園寺家族交換土地，在這裡大興土木，建立山莊，當時的人稱這座山莊爲「北山殿」或「北山第」。足利義滿利用山莊管理政務，使這裡成爲全日本的政治中樞。就宅邸規模而言，足以和天皇所住的御所相匹敵。後來義滿雖然把征夷大將軍的位子讓給了兒子義持，卻沒放棄掌握實權，持續在北山殿中處理政務。

義滿死後，義持將北山殿解體，留下舍利殿，才把這裡改爲禪寺，並請

水中倒影的金閣寺。（吳懿儒 攝）

夢窗疏石禪師任開山。

現今所看到的金閣寺中心建築即是這舍利殿，因爲建築貼有金箔而通稱金閣，寺院全體則稱爲「金閣寺」，其實正式名稱是鹿苑禪寺，山號山北。寺名「鹿苑」是取自波羅奈國鹿野苑的典故，佛陀在世時，分鹿苑、祇園、竹林、大林、那爛陀五大精舍，其中鹿苑是釋尊成道後初轉法輪之地。至於「禪寺」兩字，和漢傳佛教有關，原來漢地寺院並未區分禪寺，所以修學禪宗者，從隋唐以來，多借住律院或其他教寺。到五代時，吳越王錢鏐皈依禪宗，江南地方教寺才多改爲禪寺。

據說鹿苑禪寺原本有佛殿、不動堂、泉殿等建築，但應仁之亂時，除了金閣之外，多數燒毀。江戶時代經金閣寺歷代住持的努力，重建或新建了不動堂、茶室夕佳亭、方丈、大書院、小書院、鐘樓、唐門等建築。

參訪金閣寺需在總門付費，並獲可作爲紀念的「拜觀券」一張。白色的拜觀券上印著毛筆字體，上寫：「金閣舍利殿御守護」等字，並有兩個朱印。曾經看到一些留學生把這張拜觀券貼在門口，不知是炫耀曾到金閣寺一遊，還是有其他作用？

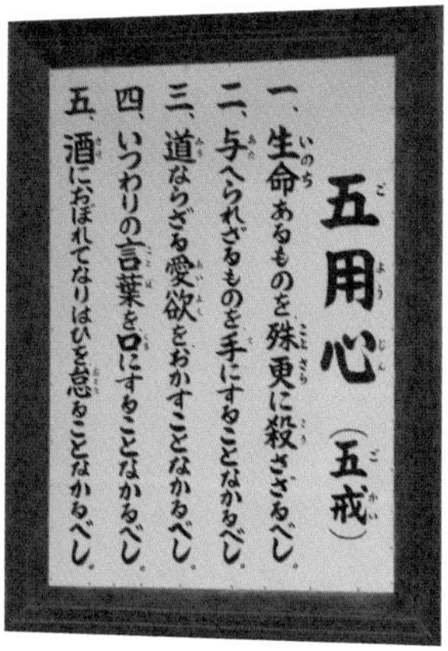


金閣寺的「五用心」告示牌，用淺白的日語演繹「五戒」，勉勵人們持受。
（陳建廷 攝）

## 室町時代建築的代表

全寺西、北有山陵環抱，是一座以鏡湖池爲中心的池泉迴遊式庭園，整個庭園是日本的國指定特別史跡、特別名勝。鏡湖池中有葦原島、鶴島、龜島等小島，並配有赤松石、細川石等奇岩名石。

金閣依池而建，共有三層，貼有金箔的只有二、三兩層。特別的是，一、二、三層各採用不同的建築樣式，第一層是稱爲「法水院」的寢殿造樣式、第二層是具住宅風格的武家造【註二】「潮音洞」、第三層是禪宗樣式，稱爲「究竟頂」，具佛殿的作用，用來安置佛舍利。屋頂是柿葺，最高處裝置著有如睥睨人間的鳳凰。金閣既佇立在林泉之中，又可眺望衣笠山，是室町時代建築的代表。

在鏡湖池東邊、方丈北側的書院庭院中有一棵五葉松，號稱是「京都三松」之一。它的外形像一艘船，也稱爲「陸舟之松」，傳說是從足利義滿的盆栽移植而來，船頭朝西象徵目標西方極樂淨土。如果眞和傳說一樣，那麼這棵樹就有六百年以上的樹齡，但松針青青翠翠、生機蓬勃的樣子，

位於「安民澤」池中央的島，據說是西園寺家的守護神「白蛇塚」。（張錦德 攝）

完全讓人感覺不到樹的蒼老。

庭園之中，還有「夕佳亭」和「常足亭」等著名的茶室。夕佳亭是江戶時代爲迎接後水尾天皇，而由宗和流茶道之祖金森宗和所建的數寄屋造【註三】茶室，取「夕」日照金閣爲「佳」之意，而名爲「夕佳亭」，一八九四年重建。茶室前的石燈籠和富士形的手水缽相傳是足利義政所愛用。

鹿苑寺的金閣在二次大戰前即指定爲國寶，沒想到在一九五〇年，因學僧林承賢放火，這一金碧輝煌、矗立數百年，展現了華麗絢爛的室町時代北山文化的極致之作，毀於一旦，連裡頭的國寶足利義滿像也被燒毀，這就是當時轟動全日本的「金閣寺放火事件」。

這一火燒事件被日本著名作家寫成小說，像三島由紀夫的《金閣寺》及

著名茶室「夕佳亭」，名稱取「夕」日照金閣為「佳」之意。（陳建廷 攝）

水上勉的《五番町夕霧樓》、《金閣炎上》等，轟動文壇。尤其三島由紀夫的這部作品更獲得「讀賣文學獎」，並且譯成多國語言，他個人後來也獲得諾貝爾文學獎提名，這都使金閣寺的名氣更加響亮。一九五五年，金閣終於重建，並在一九九四年登錄成爲聯合國教科文組織的「世界文化遺產」。

金閣寺的寺寶，最著名的當屬足利義滿像（重文，絹本著色）、伊藤若沖所畫的大書院障壁畫（重文）等。不過，寺中文物現在多由相國寺的承天閣美術館保管，該館是相國寺創建六百周年所興辦的紀念事業的一環，建於相國寺靈寶殿旁。它收藏相國寺及臨濟宗相國寺派所屬的鹿苑寺（金閣寺）和慈照寺（銀閣寺）等所有墨蹟、繪畫、工藝品文化財。

其實，金閣寺並不只京都一處，中國大陸山西五台山也有一歷史更久的金閣寺，因爲瓦是銅鑄，再塗金於瓦上，裝飾佛閣爲金閣，故稱金閣寺。只是京都的金閣寺名聲，似乎遠高過五台山的金閣寺。

---

註1 ■ 即西園寺公經，是西園寺這一姓的祖先。

註2 ■ 它被認為是鎌倉時代的武家住宅樣式，特色是重視實用、外型簡素，是對抗貴族文化、適合武家的住宅樣式。但現在也有認為武家原本也是貴族出身，所以他們的邸宅也只是「寢殿造」的簡化，並不能獨自歸為一種樣式。又所謂武家，是鎌倉時代以後，相對於公家的幕府將軍及其眷屬、部下的稱呼。

註3 ■ 數寄屋造是一種具有茶室風格的建築，多建於邸宅，隨著安土桃山時代到江戶初期茶湯的流行，這種建築也變多，並排除裝飾，而以簡潔為其特色。

金閣寺 北區金閣寺町 電話：075-461-0013
官方網站：http://www.shokoku-ji.or.jp/kinkakuji/index.html

知足蹲踞庭園石

# 龍安寺

在今天，西方人士提到日本禪宗庭院時，往往以「苔之西芳寺」、「石之龍安寺」為例。該寺的石庭在簡單中富含禪意，是日本代表性的禪宗名庭。因此，龍安寺會成為聯合國的「世界文化遺產」，可謂實至名歸。

西元二〇〇二年三月，中國大陸西安法門寺所供奉的佛指舍利來台，引起一陣旋風。

當時適逢台灣樂透彩券初發行不久，買氣正盛，聽說有些前去瞻仰佛舍利的人是爲了求取明牌，此事倒讓人想起龍安寺的「蹲踞」。

## 「吾唯知足」蹲踞

龍安寺是室町幕府管領、應仁之亂（一四六七～一四七七年）的東軍總帥細川勝元，在一四五〇年所創建的禪寺。開基細川勝元因是應仁之亂的當事者，所以本寺也在亂中焚毀。後來在中興開山特芳禪傑

（一四一九～一五〇六年）住持手上重建，加上豐臣秀吉及德川幕府的外護下，才有今天的規模。

寺域北側是方丈、佛殿、茶室「藏六庵」等建築，西側則是非公開的「西之庭」，庭內有祀開基細川勝元木像的細川廟等。

位於寺域東北的茶室藏六庵前面，有一圓形石造「蹲踞」，深

▲龍安寺的枯山水庭園由白沙、石頭構成，故又稱石庭。十五顆石頭經過精心布置，利用人們的視覺死角，使人不管從哪裡數，都無法數到十五顆，深具禪意。（陳志榮 攝）

具禪意。蹲踞是日本茶道常見的一種裝置，本身是一個小小的池盆，放置在茶室入口，緣於武野紹鷗和千利休等所發展出來的「侘茶」。即使是達官貴人到了這裡，也要「蹲踞」下來洗手，這是茶道謙虛精神的表現。據說這個直徑五十六公分的蹲踞，是德川家康之孫、水戶藩二代藩主德川光圀所獻。

這個蹲踞之所以特別出名，還在於上面有四個文字，中央的「口」，是這個蹲踞蓄水的地方。但有趣的是，這個「口」又是上、下、左、右四個文字的共用偏旁，此四字順時鐘方向分別爲吾、唯、足、知，讀作「吾唯知足」。《佛遺教經》中說：「知足之法，即是富樂安隱之處。」因此，這個蹲踞也似乎爲洗手的人默默說法呢！

龍安寺內確實處處禪意，但個中最爲世人所讚歎的是方丈前的石庭（史跡．特別名勝）。

## 充滿禪意的石庭

這個方丈南庭的枯山水庭園，東西約二十五公尺，南北約十公尺，三方則被築地【註二】所圍，不大不小，剛好在一般人的視覺範圍內；又因建築簡單，庭內無一草一木，只有白沙的流線和十五顆岩石，構成純粹、靜謐的景致，大家才會稱這座庭園爲「石庭」。不過，牆外則經常萬紫

右：日本茶道深受禪宗影響，龍安寺藏六庵的「蹲踞」巧妙利用漢字的特性，使盛水的「口」型凹槽成為上、下、左、右四字的共同偏旁，形成「吾唯知足」一語，發人深省。（徐金財 攝）
左：日本寺院經常刻意維護苔蘚，使庭園更顯得生氣盎然。（徐金財 攝）

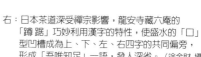

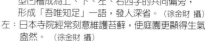

千紅、綠意盎然，卻是造庭者有意借牆外之景，使觀賞者不覺單調；石頭的配置形式，源於母虎攜虎子渡河故事，所以古代記載京都庭園的《都林泉名勝圖會》，記此庭爲「虎之子渡」之庭。

它的故事是說：母虎產下三隻虎子，其中有一隻是彪虎（猛虎），但雌虎一次只能背一隻虎子過河，而彪虎可能趁著雌虎過河之際吃了兄弟，雌虎只好先將惡虎背到對岸，再回去背另一隻虎子；等到虎子背過來後，又把彪虎背回原岸，再將另一隻虎子背過河；最後再回去原岸將彪虎背到對岸。一般認爲，這個故事中的「對岸」（彼岸）是比喻解脫，而「虎負子」的過程則代表禪修的艱辛。

庭中白沙海裡的十五顆石頭，分三群分布，由東起分別有七、五、三

顆，所以又稱爲「七五三之庭」。但奇妙處在於明明有十五顆石頭，從觀賞這一石庭的方丈南緣【註二】數這些石頭，不管怎麼數，都因視覺死角而無法數到十五顆。於是，在廊下也許會聽到訪客之間這樣的對話：「怎麼只有十四顆？」「不，才十三顆而已！」「奇怪，我數來數去就是只有十二顆！」據說能數到十五顆的人不但不該高興，而且最好建議他去看精神科醫生。

世相複雜，《長阿含經》記載盲人摸象的故事：昔鏡面王敕侍者引一象，令眾盲者摸之，……王見而大笑，頌云：「諸盲人群集，於此競諍訟；象身本一體，異相生是非。」每個人站在不同角度，會產生不同的看法，一如盲人摸象故事的答案相互爲異，而龍安寺的石庭也彷彿無言地訴說這個道理。

龍安寺石庭在簡單中表現了禪意，也使它成爲日本代表性的禪宗名庭。英國伊莉莎白女王在一九七五年到日本訪問時，看到此庭而讚不絕口，使它名聲更加遠播。所以到今天，西方

明治末期以前的鏡容池，是一處賞鴛鴦的名所，現今則為觀賞睡蓮、菖蒲等賞花之地。（徐金財 攝）

人提到日本禪宗庭院時，往往以「苔之西芳寺」、「石之龍安寺」爲例，所以本寺成爲聯合國登錄的「世界文化遺產」，可謂實至名歸。

## 平安貴族的泛舟之地

龍安寺是臨濟宗妙心寺派十剎之一，作爲本堂的方丈（重文）建於一六〇六年，原本是塔頭西源院的方丈，一七九七年龍安寺方丈因火災燒毀，才把西源院方丈移築到這裡。作爲觀看石庭的南緣，那寬一間半的寬敞空間，是再適宜不過了。

龍安寺內花木扶疏，秋天庫裡及附近的石板路參道景致宜人，火紅的楓葉覆蓋成隧道，遮蓋住晴空，更像是朱紅壁紙把原本庫裡的白牆，貼得一片通紅。

龍安寺南側則有面積廣大的水池——鏡容池，中央有座延伸至北岸的戒天島，周圍是迴遊式庭園。早在平安時代，這裡就是貴族乘著龍頭鷁首舟優雅盪漾的水池，一直到明治末期，這裡都是賞鴛鴦的著名場所。

今天龍安寺雖以石庭著名，但以前則是以池爲中心的池泉迴遊式庭園。如今每年的五月至九月間，池子裡群生著黃色和紅色的睡蓮，而六月的菖蒲則紫花怒放，是熱衷賞花的日本人經常駐足的地方。

註1 ■ 土製圍牆，上有屋瓦，日本古代皇室公卿才可建這種圍牆。

註2 ■「緣」指日式建築邊緣，有點像鋪木板的走廊。

古鐘雲龍微妙法

# 妙心寺

一進妙心寺，會感到無比的親切，
因為它的建築物大部分仿自漢地。
妙心寺寺域達十萬坪，諸堂伽藍完備，
包括三門、佛殿、法堂等七堂俱全，被公認為日本禪宗第一。

凡是對禪宗有所認識的人，大概都會知道這則故事：「世尊在靈山會上，拈花示眾，是時眾皆默然，唯迦葉尊者破顏微笑！世尊曰：『吾有正法眼藏，涅槃妙心，實相無相，微妙法門，不立文字，教外別傳，付囑摩訶迦葉。』」

日本是國人出國旅遊喜歡去的地方，京都古色古香的街道及隨處可見雄偉的佛教剎宇，更是令觀光客流連忘返！不過和日本人打交道，往往會令外國人感到不甚適應。日本人習慣事事不明講，而用一些動作、旁敲側擊的言語來傳達意思，往往教人似懂非懂，如墜五里霧中；日本人說這種溝通方式為「以心傳心」。噢！這麼高明的說法，難道和禪宗有一些關聯？這，使我想起了「妙心寺」。

## 國寶古鐘坐鎮法堂

其實，當我一聽到妙心寺的寺名時，便起了參訪的念頭。這座位於京

重要文化財「大方丈」，是妙心寺舉行說法或聚會的場所。（吳懿儒 攝）

都右京區花園（花園爲地名）的日本臨濟宗妙心寺派的大本山，原是日本花園天皇的離宮，他退位後皈依禪宗，於是召請法師闢建妙心寺。但幾經戰亂，寺領（寺院轄下的土地）曾被侵占而告荒廢，直到豐臣秀吉成爲外護，才又逐漸恢復舊觀；到了江戶時代，更與一休和尚曾任住持的大德寺，並立爲兩大寺。至今妙心寺派下的關係寺院，在日本約有三千五百座，僧侶約達七千人，教育機關有花園大學等。

一進妙心寺便感到無比親切，因爲建築大部分仿自漢地，所以並不陌生；而且寺域廣大，達十萬坪，諸堂伽藍完備，更被公認爲日本禪宗第一，包括三門、佛殿、法堂、僧堂、庫裡、東司（指廁所）和浴室等七堂俱全。此外，更以七堂伽藍爲中心，周圍圍繞著高達四十餘座的子院塔頭，勝景甚多。

在這些建築之中，標示爲「重文」的法堂，是最值得一看的。法堂裡設置日本國寶「妙心寺鐘」，這是日本最古老的一座記年銘鐘，鑄造於西元六九八年，高雖不過一五一公分，卻有著高背細身的優美造形；加上流麗的「唐草文樣」（蔓生植物圖案），實不愧爲天下名鐘。熟念唐詩的人都不會忘記張繼的〈楓橋夜泊〉，很多人認爲詩中描寫的悠揚鐘聲，引發旅人複雜的心情，傳達了旅夜的氛圍，是這首詩成功的重要原因之一，寒山寺也因而聲名大噪。

梵鐘的聲音確實最能爲寺院襯托出崇高幽緲的氛圍，以至於自古至今描寫方外生活時，往往離不開鐘聲。悠揚動聽的鐘聲，觸發人的感情，將禪

右：繪於法堂天花板的「雲龍圖」（局部）。（吳懿儒 提供）
左：鐘樓。（吳懿儒 攝）

意轉化爲詩情，體現悠遠無窮的詩的韻味；節奏平緩的疏鐘則能令人淡泊閑靜，鐘聲打破寧靜的虛空，象徵心靈的頓悟。鐘聲是不可觸摸之物，亦動亦靜，亦虛亦實，聲即是空，動靜不二，彷彿禪的本體和詩的本質；鐘聲從靜寂中響起，又在靜寂中消失，傳達出永恆的寧靜，把人帶入心與境融爲一體的精神狀態。妙心寺鐘更因具有餘韻無窮的美妙音色，而被視爲雅樂音律之一，日本人稱此鐘爲「黃鐘調鐘」【註二】。

古鐘是有生命的，妙心寺鐘經過長年使用，終於出現金屬疲勞現象，連續敲擊時，聲響會變調。因此，不得不卸下，換置第二代鐘，被換下的古鐘即存放在法堂。不過拜現代科技之賜，一九九八年，在鑄造完成的一千三百年之後，以數位化錄音讓原音重現，並且流傳保存。據說錄音時從各種不同角度、沒有噪音的深夜收錄，所以現在只要到法堂參觀，都可以聽到幾近原音重現的第一代妙心寺鐘的響亮鐘聲。從鐘聲的錄製，也令人對日本人那種認眞、追求完美，有時甚至覺得有點吹毛求庇的幹勁，充滿佩服！

## 狩野派「雲龍圖」

法堂最令人動容的是天花板上所畫的「雲龍圖」，這幅直徑達十二公尺的作品，當年畫家爲完成此一作品，必然長期吊在半空中仰頭作畫而備歷艱辛，沒有過人的願力和毅力絕對無法完成。據寺方導覽人員表示，從完成到現今幾百年，完全沒有重新上彩過，如今看到的，就是當年完成而經過歲月洗禮後的樣貌，令人更加感到

此畫的珍貴與莊嚴。

一進法堂，不用導覽人員說明，目光自然會被這巨幅「雲龍圖」所吸引。假如在法堂的中心點旋轉身軀，就會看到天花板那隻雲中之龍，似乎就要飛騰而下；更奇妙的是，不管在法堂的哪個角落，都會看到雲龍那雙炯炯有神的眼睛，像是跟著人移動似的，令參觀者驚歎不已！

完成這幅巨畫者，是日本畫壇上的狩野派畫家狩野探幽。所謂狩野派，是室町時代中期興起的一個畫派，其特色之一是揉合中國畫和大和繪的長處。據東初老和尚的《中日佛教交通史》一書指出，入明日僧雪舟（一四二〇～一五〇六年）將明人設色與破墨之法傳入日本。而當時著名大和繪畫家土佐光信及狩野元信，也都參酌宋代畫風，將和漢繪畫折衷，使日本畫壇展開新的一頁。

狩野派的畫家們因爲畫風相當有活力，後來被織田信長、豐臣秀吉重用，成爲桃山畫壇的主流畫派；甚至到江戶時代都興盛不衰，終於成爲日本繪畫史上最大的流派。狩野探幽本人更因具有繪畫天才，十六歲就成爲幕府的御用畫師，畫風豪壯。狩野後來出家，或許人生觀因而改變，晚期作品放棄桃山樣式的濃麗而趨向淡泊、瀟灑。

不只「雲龍圖」，妙心寺還藏有許多狩野派的名畫，如狩野山樂作的「虎溪三笑圖」【註二】。此圖是佛教有名的故事，據東晉周景式的《廬山記》記載，慧遠在廬山東林寺三十餘年，影不出山，跡不入俗，送客若過虎溪，虎往往咆哮。當時陶淵明居栗里，山南則住有南朝重要的道教奠基

者陸修靜。一日慧遠法師送此兩人，因意氣投合，不覺間過了虎溪，虎咆哮，三人因而相互大笑。

因爲這個故事，三笑圖成爲繪畫的普遍題材，不過妙心寺所藏只見三人笑而不見虎嘯。除了狩野派畫作，妙心寺還有海北派的水墨畫，俱是國寶。桃山時代畫壇的主流雖爲狩野派，但也有其他漢畫系的流派，海北派即其中之一，海北友松爲其創始者，受南宋梁楷畫風影響。妙心寺所藏的「寒山拾得」，就是出自海北友松之筆。

## 方丈、風呂均爲重要文化財

和法堂相連，鋪了榻榻米的寬敞大方丈，也是「重文」。它遠在一六五四年就已建造，至今已近三個半世紀，屋頂原本覆單層檜皮，也許因爲檜皮取得困難，現用木屑代替。「方丈」原是禪寺中住持的居室或客房，台灣如今都用作對禪林住持的尊稱。而日本尚保留原意，妙心寺的大方丈則常作爲說法及其他聚會的場所。

每當跨進日本寺院的方丈，我總愛看裡頭的襖障子（fusuma），因爲那經常是日本佛教美術的精華處，這間方丈襖障子上的畫作，也大部分是出自名家狩野探幽之筆。

方丈外懸掛著數不清的木板，每一片木板上列舉一座妙心寺派在日本或海外的末寺寺名，赫然發現台中那座有著七層樓高的彌勒菩薩像而著名的寶覺禪寺也名列其中。一時神遊，時光彷彿回到一九九八年的一個事件：和台北市立兒童育樂中心相鄰的臨濟護國禪寺，也曾是妙心寺派的台灣別院。該寺原爲日治時代台灣總督兒玉

六尊可愛小佛，好像在告訴我們永嘉大師所說的：「行亦禪，坐亦禪，語默動靜體安然。」（吳懿儒 攝）

源太郎請日本的法師在圓山所建，所以該寺具有日本伽藍的特色。

戰後，護國禪寺除本堂「大雄寶殿」外，都改建爲中國式建築。台北市政府於一九九八年，將周邊的違章建築物拆掉後，一度計畫將該寺的建築拆除或移建，曾在京都佛教大學念書的高雄光德寺（也是妙心寺末寺）淨心法師知道後，便以護國禪寺具歷史文化價值，向台北市政府請求將大雄寶殿現地保存。

當時妙心寺塔頭靈雲院的住職及同派的僧侶們也都加以伸援，並來台參加在台北召開的研究討論會。經過各方努力，市府才終於將護國禪寺的大雄寶殿及三門定爲市定古蹟，這使我再一次感受到日本和台灣對古蹟維護，在態度上的對比。

妙心寺還有一處值得參觀的浴室（重文），日本的古蹟政策，是對每個時代的所有生活事物都加以保存。所以，廁所可以是古蹟，自然浴室也可以是古蹟了。位置在妙心寺三門東側瓦葺的浴室，是塔頭太嶺院的密宗和尚爲悼念往生的明智光秀而建造，所以又稱明智風呂（日語「風呂」即浴室），一六五六年改建。

浴室內中央有浴槽、洗場、休息室、灶室等，其中浴槽是「蒸氣風呂」形式，從木板空隙間透進蒸氣，正面是出入口和調節窗，另三面板壁則緊閉。因此，在裡頭不但可以洗澡，還可以享受三溫暖。七堂伽藍中，僧堂、東司、浴室是禁語之地，統稱「三默堂」。早先這座明智風呂對窮苦人家開放，懷想當年這些沒錢洗澡的人們，雖然靜默地在裡頭沐浴，但想到能有這樣一個舒舒服服洗澡的地

浴槽

灶室

方，內心一定相當感恩吧！

妙心寺自創建後，每五十至七十年會修理一次三門（重文），最近一次修理共花了八年時間。完成後得塗上丹色，這次距前一次塗上丹色外觀，已是六十年前的事，古蹟終於得以塵盡光生，實在令人振奮！

參訪過許多日本的寺院後，常常覺得台灣落後日本最多的其實不是科技，而是對歷史文物的重視態度與保存決心。科技可以有迎頭趕上的一天，而古蹟一旦破壞，就不會再回來了。一個三門花八年時間整修，在台灣大概是不太可能發生的事。

聖嚴法師在留日期間就曾造訪妙心寺，後來妙心寺所辦的花園大學和中華佛學研究所更是交流密切。一九九八年，中華佛研所副所長惠敏法師等人，曾代表該所到花園大學作親善訪問，並洽談有關電子佛典合作事宜；而花園大學方面，不但在學術上和中華佛研所合作，台灣九二一震災發生後一個星期，花園大學立刻派三位代表到中華佛研所關懷震災，並捐助慰問金及救難物資。這些都是妙心寺和台灣宗教界有著密切關係的事例。

所以，下次如果有機會到日本旅遊，妙心寺也許可以是您駐足一遊的地方。

妙心寺的浴室為重文，浴室內中央有「浴槽」和「洗場」，東背面為灶室。浴槽是蒸氣式的，由木板間隙進蒸氣，浴槽正面有出入口及調節窗，其他三面則木板緊閉，原來古人就會享受三溫暖了。

（吳懿儒 攝）

註1 有關鐘聲和詩歌關係，可參考周裕鍇《中國禪宗與詩歌》第四章〈空靈的意境追求〉一文。

註2 三笑圖，一般人認為是在儒、道、佛調和論漸盛的唐代以後才開始流行。

妙心寺 右京區花園妙心寺町 電話：075-461-5226
官方網站：http://myoshin.com/

苔深不掃禪意深

# 西芳寺

日本平安時代以前，
「苔」在文學中，就常被用來象徵古色、靜寂、隱逸等情境。
在西芳寺的寺域裡，幾乎被青苔所覆蓋，
其散發之幽玄境界和禪意氛圍，深受日人喜愛！

西芳寺雖是此寺的正式名稱，但更普遍化的名稱是「苔寺」，且後者比它的正名響亮得多。這是因爲這座位在日本釀酒業最爲敬仰的神社松尾大社南邊一公里、西芳寺川畔的佛寺，庭園竟覆著高達一百二十種蘚苔。「覆滿青苔？莫非是個極度荒涼的地方？」不，不但不是，而且是日本著名作家川端康成、大佛次郎、台灣作家林文月等人所鍾愛有加的地方。

## 苔與禪

對不曾接觸禪的人，苔也許是象徵人煙稀少、頹敗荒廢。但禪修的人可能不但不這樣想，反而可以發現蒼苔活潑的生命力，讚許它在最陰濕的角落裡，仍力爭著要釋放自己生命的活力。

以「苔」聞名的西芳寺，庭園中覆植高達一百二十種蘚苔，透顯出某種幽玄之美。（王常怡 攝）

唐代學佛修禪的詩人王維早發現了這生機與生趣的祕密，有詩〈書事〉爲證：「輕陰閣小雨，深院晝慵開。坐看蒼苔色，欲上人衣來。」透過詩人眼中的世界，將原本一般人眼中荒涼、破敗的畫面，描繪成一個寂靜空幽的意境。在寂靜的環境裡，因爲有著一顆寧靜的心，塵世喧囂與生活榮辱全都拋於九霄雲外，詩中雨後的綠苔，青翠欲滴，生意盎然。

所以，詩人甚至說連這青苔色也像要爬上人的衣服，於是物與我渾然一體，無跡可尋，或許正是禪者透過蒼蒼蘚苔而體悟出的禪意。我又不由得想起同是王維所作的那首膾炙人口的詩〈鹿柴〉：「空山不見人，但聞人語響。返影入深林，復照青苔上。」是多麼具有「禪」意，原本是日暮黃昏的落日殘照，因詩人的禪心點出綠苔後，反使夕陽照耀下的畫面，呈現出一派無垠的生機。

此後，著名的禪僧、詩僧更大量地將苔蘚寫入詩中，晚唐詩僧齊己是其中的佼佼者，他用苔暗喻心中禪悟的痕跡、「道」的消息，苔成了他靜坐或經行所遇的心象。他「冥心坐綠苔」，「苔錢點點如心痕處處，苔蘚青青如隱者如如」【註一】。

相對於中土人士，日本人對苔的喜愛不但不遜色，反而過之。平安時代以前，苔在文學中就常被用來象徵古色、永劫、靜寂、隱逸的情境。《萬葉集》、《古今和歌集》等名著中處處可見歌詠苔的詩歌，甚至日本國歌〈君之代〉（歌詞源於《古今和歌集》）也詠苔，希望日人像苔有著永續生存發展的生命力。

平安時代以後，苔更常被藉以歌詠

山中的美、靜、清；後來禪宗發展，苔又和日本禪的「侘」、「寂」精神相結合。

苔不只在深山濕地，世上似乎沒有一個像日本這樣巧妙地利用苔蘚於園藝之中的國度。日本庭園的地面、庭石、石燈籠、蹲踞、庭木等，往往故意讓其生長出青苔，以作出古色、閒寂的情境，他們慎選種類，讓向陽、背陽的地方都可生長出綠苔。

爲了表現禪的侘、寂境界，茶室的附屬露地，苔更成爲不可欠缺的風景。此外，料亭（小料理店）、旅館的庭園，甚至盆景都會用到苔蘚。因此，日本各地都有業者栽培造園用的苔蘚加以販賣。

這或許是源於日本人特有自然美的美學意識中，有著喜歡空、散、刹那的情緒，同時又有尊崇節操、不變、悠久兩面性觀念的關係。

## 庭院深深深幾許

據說西芳寺本是聖德太子的別墅，天平年間（西元七二九～七四九年）由行基（六六八～七四九年）改爲法相宗寺院。換言之，是日本還未遷都平安京（京都）前的古老寺院。傳聞後來空海也曾短暫住此古寺，到了鎌倉初期，法然上人將此寺改爲淨土宗「西方寺」。

一三三九年，臨濟禪僧夢窗疏石（即夢窗國師）將此寺改爲臨濟宗，復興這一古老寺院，並取禪宗祖師菩提達摩「祖師西來」、「五葉聯芳」典故而改寺名爲「西芳寺」，山號洪隱山。

夢窗國師可以算是京都家喻戶曉的禪師，他在甲斐（今山梨縣）出家、鎌倉參禪，曾住持南禪寺、建臨川寺，成爲天龍寺開山，建議派遣天龍寺船和明朝貿易，並集合許多傑出僧侶，使五山文學到達最高峰。由於身値戰亂之世，發願在各地建立寺院，並發揮造園的天分，留下至今仍膾炙人口、洋溢禪味的庭園，西芳寺的庭園便是他的傑作之一。

經過夢窗國師的精心整理後，日本兩位法皇（天皇退位後出家）曾行幸至此，代代的足利將軍也經常不惜援助，特別是第八代將軍義政深愛此庭，經常來訪；後來在東山營建山莊（銀閣寺）時，也是以西芳寺爲其範本。

夢窗疏石復興後的西芳寺是什麼樣子，爲何有如此大的魅力呢？原來當時他除了復興伽藍，建了以兩層樓閣琉璃殿爲首的建築群外，還利用背後

西芳寺處處是綠苔，生意盎然。（王常怡 攝）

山勢興建庭園，這庭園分爲上、下兩段，上段枯山水由枯山水石組、須彌岩組、坐禪石等岩石和樹木所組成，並配以禪修用的指東庵。山頂瞭望甚佳的地點還建了縮遠亭，讓華秀的風景能盡收眼底。將「眺望」這一種視覺效果也加入庭園設計之中，是日本庭園之前少見，甚至是未見的，自此以後眺望之庭才多起來。

至於「下之庭」則由參道和上段枯山水庭園銜接，下之庭比上段庭園寬闊得多，是一個有四座島的黃金池爲中心的池泉迴遊式庭園，深幽曲折，和枯山水大相逕庭，有美池、蒔花、生意蓬勃的庭園。

這種將枯山水和池泉迴遊式庭園結合的庭園形式，給了著名的金閣寺、銀閣寺和其他庭園莫大影響，所以在日本庭園史上佔有重要位置。不過，夢窗國師所興建的這個庭園及伽藍建築，在一四六九年幾乎毀於兵火。

## 劫灰之後唯留苔

從那時起，西芳寺長時間荒廢，五個世紀過去，人間不知上演了多少興亡悲喜，但這裡似乎流動著和浮世不一樣的時間長河。獨立於人世紛擾之外的這塊淨土，自行演化著，原本的庭園地面和夢窗國師所擺設的石組，因溫度、濕度適宜，紛紛長上青青蘚苔。這些色澤形狀各異的苔蘚一任衍生漫氾著，於是在池沼之畔、台階、小橋、細徑甚至石塊、樹枝上，都覆蔓著絨密似錦的青苔。

現在除了參道，幾乎所有地面都長滿綠苔，如此竟形成了日本人喜歡的幽玄境界和獨特氛圍。當人們重新發現這座歷史悠久的寺院，除了參天古木和豐富花卉外，蘚苔竟成了他們最想觀賞的對象。

宋代詩人葉紹翁有首〈遊園不值〉詩：「應憐屐齒印蒼苔，小扣柴扉久不開。春色滿園關不住，一枝紅杏出牆來。」葉紹翁用風趣的口吻說不能遊園是由於園主人愛惜園內的青苔，怕屐齒在上面留下踐踏的痕跡，將主人不在家故意說成主人有意拒客。可是春光美景是關不住的，因爲我看到「一枝紅杏出牆來」。誠如這首詩，當人們發現西芳寺處處是綠苔時，西芳寺的春色再也關不住，這一特色使它名聞遐邇。

人們訝異於它生機盎然的獨特美感，於是爭相走告，想要觀賞此一特別景致。但如此一來，寺方擔心青苔爲之絕跡，基於「應憐屐齒印蒼苔」，於是限制入寺遊客的人數，這一及時的保護措施，果然使「苔寺」之名能一直保持至今。

這一限制措施，也使這裡難得看到一般日本寺院都可見到的「修學旅行」學生。只有少數有心的觀光客得其門而入，其中常有西方遊客穿梭其間，他們拿著攝影機、相機邊拍邊讚歎眼前的景象，認爲此情此景眞是「禪意」無限。所以，即使是陰暗卑微的事物，只要能有禪者的慧眼，也能開出活活潑潑的境界，並且誰都具有這個能力，看到沒有禪文化背景的西方人驚羨讚歎，正可以證明這種想法。

爲了方便訪者欣賞這片綠絨氈，寺方在夢窗國師時代並無建築物的心字形黃金池的南邊和東邊，興建湘南亭（桃山時代，重文）、潭北亭兩茶室，讓人們能邊品茗邊欣賞園中天鵝絨般的綠意。兩茶室之名，源於《碧巖錄》

第十八則：「湘之南，潭之北，中有黃金充一國。」茶亭之名，使它們不但幽雅且具禪意。其中，湘南亭據說是千利休的次子千少庵重建，也是西芳寺現存最早的建築物。整個庭園則被日本政府指定爲國史跡、特別名勝，並進一步成爲聯合國教科文組織所指定的「世界文化遺產」。

除湘南亭之外，今天所見的其他堂宇，幾乎都是後來重建。造訪西芳寺時，最初進入眼簾的是總門，不過這裡通常不開，入口處在其西側的眾妙門。本堂西來堂於一九六九年重建，安置本尊阿彌陀如來。旅人信眾可以在此寫經，寫好的經典則收藏於三重納經塔，本尊爲藥師如來。有形文化財的寺寶方面，因爲戰亂，這裡保存的較少，以中興開山夢窗疏石畫像（重文）最著。

爲了保持苔寺的永續存在，要到西芳寺參觀者不但須事前用來回明信片先預約，而且單純觀光也不予受理，還得參加寫經等活動才可；並且爲了保護綠苔，「拜觀料」（入寺參觀的票價）更是一般寺院的六、七倍。雖然這樣，但值不值得因人而異，不過據說還沒聽過有到訪卻後悔的。

註1 ■參見蕭麗華〈晚唐詩僧齊己的詩禪世界〉一文，刊於佛學研究中心學報第二期，一九九七年五月。

西芳寺 西京區松尾神ヶ谷町 電話：075-391-3631
官方網站：無（參訪須事先申請）

高雄紅葉燃秋山

# 神護寺

位於京都高雄山中的神護寺，
每到秋天，寺域像被紅葉、黃葉織成的錦布淹沒，
是喜歡紅葉的遊人最愛參訪的地方。
它也是日本平安時代「新佛教」的發展據點。

誰都知道台灣最大的港口叫高雄，但也許不知道日本也有一個地方叫高雄，而且這個高雄和台灣的高雄還有一點關係。

原來台灣高雄平埔族的馬卡道族稱之爲「Takau」，據說意爲竹林，漳泉移民乃音譯爲「打狗」；而打狗的發音和日語高雄（Takao）的發音相近，日治時期爲使地名雅正，乃將打狗改名高雄。這麼改還有另外一個原

因，就是日本也有一個地方叫高雄。

日本的高雄位在京都西北的山中，因爲高雄的「雄」和「尾」日語發音同，所以和槙尾、栂尾並稱「三尾」。三尾古來即是紅葉「名所」，室町時代已因紅葉而吸引實際掌握日本政治大權的足利義政將軍到這裡賞楓。當時留存下來的屏風繪畫中，可見到人們在高雄的紅葉之下載歌載舞。

三尾一帶的神護寺和高山寺更是自古聞名，是賞楓者最愛參訪的地方，兩寺不只在地點上，甚至在發展的過程中也有關聯。

## 象徵平安時代的來臨

明治維新以前，京都作爲日本的首都長達千年以上，但在京都（最早稱平安京）之前，日本曾遷都多次，一直到遷都平安京才安定下來。營建此

位處「三尾」的高雄深山之中的神護寺，想要造訪，先練腳力。（徐金財 攝）

一新都的最大功臣名叫和氣清麻呂，是備前國的豪族出身，他向桓武天皇上奏營造新都，天皇准奏，並命他任平安宮的造營大夫，新都於焉誕生。

以前日本貴族都會營建自己的氏寺，高雄山寺即爲和氣氏的氏寺，所以和氣清麻呂之墓也在這裡。到了西元八二四年，和氣氏的家人又把位在河內（在今大阪府），也是和氣氏所建的神願寺和高雄山寺合併，稱爲「神護國祚眞言寺」，這就成了今天所稱的神護寺。後來空海弟子眞濟（八〇〇～八六〇年）入寺住持，成爲眞言密教寺院的基礎，因此今天神護寺是眞言宗別格本山。

神護寺到了平安末期寺運已衰，後來文覺法師得後白河法皇及日本史上第一個幕府將軍源賴朝的援助，復興了此寺；但使京都夷爲平地的應仁之亂時期，神護寺也難逃厄運，和許多日本佛寺一樣，再次的復興、重建有待江戶時代的來臨。

今天的神護寺從入樓門後，可見和氣公靈廟、鐘樓、明王堂、五大堂、毘沙門堂、大師堂、金堂等，彼此相隔不遠，只有最深處的地藏院隔得稍遠。

金堂中有神護寺的本尊藥師如來立像（國寶，木造，高一七〇點六公分，奈良平安時代），因有這尊佛像，使神護寺成爲所謂「西國四十九藥師靈場」的第四十四番札所。所以，在觀賞紅葉以外的時節（日人甚愛賞紅葉，稱爲「紅葉狩」），不少人是爲了參拜這尊位於金堂的藥師佛像而來。想到這尊佛像不管是空海大師、文覺法師或明惠上人都曾跪拜過，而且到今天仍能瞻仰，就讓人產

桃山樣式的大師堂，是空海大師的住房遺跡。（徐金財 攝）

生一種不可思議的感動與感慨！畢竟這尊佛像的歷史已超過一千二百年，鎮日在山上守護著京都，俯視著人間的悲歡離合。

## 和大自然融爲一體的寺宇

提到日本平安時代的佛教，不能不提到空海和最澄兩支巨擘。神護寺中桃山樣式的建築大師堂，是弘法大師空海的住房遺跡，該寺不但有空海遺跡，也和傳教大師最澄關係頗深。

原來和氣氏最初就和最澄交往密切，最澄在渡唐之前，曾在這裡開法華會；回來後，八〇五年也在這裡行結緣灌頂，而這是日本最初的密教儀式，所以這裡可以說是日本平安時代「新佛教」的發展據點。

最澄是以學問僧的身分赴唐留學，停留唐國的時間不長，因此自認密教修行還未充分。後來滯留唐國較久的「後輩」空海從唐回日後，他便從空海學密教，這樣過了七年，最澄從空海處受金剛界、胎藏界兩部灌頂。知

五大堂（前）和毘沙門堂（後）。（徐金財 攝）

古道、石徑使位處深山的神護寺，充滿幽玄之感。（胡德揚 攝）

道神護寺是最澄和空海兩位平安時代佛教巨峰的結緣之寺，自然使日本人對此寺有一種特殊的感情，駐足盤桓而不忍離去。

在金堂後方高台上的多寶塔中，有五尊台灣較少見的虛空藏菩薩坐像（國寶，木造，高九五～一〇一點四公分，平安時代），是空海後繼者眞濟，爲了滿仁明天皇之願，於八四〇至八四五年，在神護寺建寶塔院作爲鎭護國家的本尊而建。每一尊像都頭戴筒型寶冠，華麗胸飾和華美的腕臂釧沿襲傳統式木心乾漆的做法，但形像清新，不但是眞言密教造像的新典型，也是現存日本五大虛空藏菩薩像中最早的，極爲珍貴。

寺的最深處是地藏院，前方小池每到七月就蛙鼓喧鬧，那是著名稀有青蛙「深山青蛙」的棲處。大正時代爲止，洛中、洛外僅神護寺棲息這種青蛙，現在仍是珍貴的青蛙，讓人感受到看似早已和自然溶鑄在一起的神護寺，仍這樣默默和大自然的生命進行著不可言說的聯繫與交流。

神護寺每到秋天，六萬坪（約二十萬平方公尺）的山內全域，像被紅葉、黃葉織成的錦布淹沒，不僅爲古代將軍所喜愛，到今天仍是喜歡紅葉狩遊人的醍醐味。尤其從地藏院眺望不遠處楓枝交錯下的溪水，紅葉像是把溪水也染紅了，無怪乎同是清瀧川，到了這一段會取名爲錦雲溪。

在寺寶方面，神護寺有一幅被稱爲日本肖像畫「筆頭」（相當「第一」）的傳源賴朝像（國寶，鎌倉時代），值得一看。據十四世紀的《神護寺略記》記載，神護寺仙洞院中掛有似繪的先驅者藤原隆信所繪的白河法皇、平重盛、源賴朝、藤原光能、平業房的肖像。現存三幅，一般認爲是其中的賴朝、重盛、光能像，每一幅都衣冠束帶的坐姿像，尤其這幅的畫中人物帶劍執笏，臉上表情彷彿透露著人物的個性；而細細描繪的眼睛，也像閃爍著銳利眼光和背後的冷靜意志，被認爲是日本肖像畫史上無與倫比的傑作。

此外，由空海帶回的兩界曼荼羅作品中最早、最大的「高雄曼荼羅」，每幅均是四公尺見方的巨大作品，這些畫都由金銀線描繪而成，是反映盛唐佛教發展到高峰時的藝術作品。不過，神護寺的繪畫、書法作品大多寄放在京都國立博物館，每年五月一日至五日，才會回到寺中的本坊書院，公開給一般遊客觀賞。

神護寺 右京區梅畑高雄町 電話：075-861-1769
官方網站：http://www.jingoji.org/

文物茶園浥清芬

# 高山寺

高山寺受到注意，是因為這裡出了一位聖僧——明惠上人，
寺域鬱蒼茂密的老杉和楓樹，讓人走在其中，
可以感受到大自然的清澄。
而它豐富多樣的寺寶，也使它名列聯合國「世界文化遺產」。

通往高山寺的表參道，
古木參天。（胡德揚 攝）

從神護寺沿以楓林景致馳名遠近的清瀧川漫步約三十分鐘，即可到達在三尾中位置最北的栂尾，栂尾的高山寺全境被老杉、巨松、老楓所覆，綠意盎然。

早在奈良時代末期，這裡就建有堂宇，初稱都賀尾坊，後來文覺法師復興神護寺時，這裡成爲神護寺的別所（別院）。

今天的高山寺雖是眞言宗佛寺，但西元一二〇六年，後鳥羽上皇將此地賜給明惠（一一七三～一二三二年）時，是作爲華嚴宗中興的道場，高山寺也是從這時才在日本佛教史上嶄露頭角。當時後鳥羽上皇賜「日出先照高山之寺」號，而成爲今日寺名。上皇賜此號別有深意，因爲根據北傳佛教的說法，佛陀在成佛後先說華嚴，「猶如日出，先照高山【註一】」，命名爲高山寺，就是要使這裡成爲華嚴道場，從那時起，高山寺即受到佛教界重視。

大家開始注意高山寺，是因爲這裡出了聖僧明惠上人，他在這裡度過大半生。

明惠出生在平安時代末期紀州【註二】的武士家，八歲時，父母相繼過世；九歲時，叔父讓他進高雄神護寺，此後以文覺、上覺爲師，努力學習。十六歲時出家，在東大寺戒壇院受戒；十九歲時，他以佛眼佛母像爲本尊，開始精進修行。

一一九五年，明惠認爲既已出家爲僧，便應不慕榮達，於是到紀州的白上峰結草庵，廢寢忘食地修行；甚至爲了斷除迷惑，他在本尊之前切掉自己的耳朵。當時他二十四歲，求道之殷切，讓人想起中土的禪宗二祖慧可立雪斷臂故事。他在白上峰精進修行約十年，其間，他計畫再三，想親自到釋迦牟尼佛的出生國度朝聖，可惜始終因緣未能具足，無法如願。

後鳥羽上皇賜高山寺給他後，嚮往到天竺朝聖的明惠上人，便將高山寺所在地比擬爲和佛陀的生平有關的地方。他把所在山名稱爲楞伽山——佛陀說《楞伽經》的場所；又把清瀧川喻爲佛將成道前，浸浴其中的尼連禪河。他在這山中結庵，更時常在樹上、石上禪坐，因此至今山中仍散存著他打坐時的遺跡，高山寺寺域成了明惠上人思索和禪修的華嚴淨土。

## 古樸的堂宇和最古茶園

和京都大部分的寺院都毀於應仁之亂一樣，高山寺也不例外。今天所見的寺中建築，大都是豐臣秀吉以後重

開山堂內安置有明惠上人的肖像雕刻。（徐金財 攝）

建的。

今天的高山寺伽藍不多，散在楞伽山東南麓濃蔭遮覆之地，包括金堂、開山堂、石水院等建物。但鎌倉時代則還有大門、本堂、阿彌陀堂、塔、羅漢堂、經藏、鐘樓等建於各處，由此可見高山寺也曾是大寺。

不過，正因爲伽藍疏疏落落，今日走在高山寺更可感受到大自然的清澄，鬱蒼茂密的老杉和楓樹，使散於各處的建築，反能以毫不突兀的姿態鑲進大自然裡頭。

一進山門右轉，不久進入眼簾的即是著名的建築石水院（國寶，鎌倉時代），這是今天唯一明惠上人時代留下來的遺構。它原本是後鳥羽上皇賀茂別院的學問所，是一棟有住宅特色的鎌倉時期寢殿造建築物，一二二四年移至高山寺，使得豐富的自然之中，有了這座簡素優雅的建築物。石水院的周圍有石垣，在這裡可欣賞到隨著四季而不斷變換的錦繡山色，尤其是南緣側，連清瀧川對面的山陵也清晰可見。其他像由仁和寺移來重建的金堂、安置明惠肖像雕刻（重文）的開山堂等，則都是近代建築。

另外，高山寺是日本愛茶者的聖地，當年榮西禪師從宋帶回的茶種也分給了明惠上人，上人把種子播在高山寺並順利長成茶樹，所以高山寺又成爲宇治茶的發祥地。這就是今天走在高山寺的小徑上，爲什麼無意間會遇到一小片茶園的原因，茶園外頭立著「日本最古之茶園」的碑，就是在說明這件事。

## 豐富多樣的寺寶

高山寺被稱爲文化財的寶庫，共有

日本國寶七件、重要文化財五十件，而被指定爲國寶、重文的典籍則超過一萬件。一九九四年起，更成爲聯合國教科文組織認可的「世界文化遺產」。

高山寺有這麼多寺寶，仍和明惠上人有關。平安末期到鎌倉時代，舊有的佛教一變而有榮西、法然、親鸞等人創立新的宗派。相對於這些創宗的高僧從許多佛典或修行方法之中，選一樣而成立一個獨立的新宗派，明惠上人不只華嚴思想，連密教、禪等也都深加研究，企圖將這些綜合起來，以復興華嚴宗。

正因明惠重學問，所以留下許多他書寫及收集的內外書籍。據說當時高山寺就像座綜合圖書館，經常有學僧來訪閱覽，且在明惠之後仍繼續收集。雖然後來有一部分遺失，但現存古代典籍總數仍超過一萬件以上，大部分保管於境內法鼓台文庫。這些書籍有許多是孤本、珍本，早被全球各地的漢學界所重視，如作爲日本古典名著《今昔物語集》典據的唐代寫本《冥報記》、六世紀南朝顧野王所撰的漢字辭書《玉篇》古寫本、〈跋日本高山寺舊鈔卷子本《莊子》殘卷〉；中國及世界保存至今最古老、最完整的農書之一，素有「農業百科全書」之稱的《齊民要術》第五、第八殘卷等，都是稀世之珍。日本作者如空海法師所作的漢字辭典《篆隸萬象名義》（國寶），也是現存唯一古寫本。

高山寺為宇治茶的發祥地，此碑可為佐證。（王常怡 攝）

舊籍之外，高山寺還藏有許多日本國寶級的佛教美術品，其中以「鳥獸人物戲畫」繪卷最爲知名，也令人驚訝古人的想像力。原以爲漫畫是近現代的產物，想不到這一連作繪卷，有生動活潑的漫畫意味，且想像力豐富，令人激賞。繪卷分甲、乙、丙、丁四卷，以甲卷（國寶，紙本，平安時代）最爲著名。

這幅十二世紀後半就已繪成，以擬人化的兔、蛙、猴等在河邊玩耍的形像，十分生動幽默。如和猴子打了一架，氣得昏在地上的青蛙，和在一旁觀看的兔子、狐狸、青蛙、老鼠、雉雞、貓等各種動物的肢體語言，就像眞聽得到動物們的會話和歡聲一般，所以這個充滿漫畫風味的鳥獸人物戲畫在日本很受歡迎，各種版本教科書也常會登載。

高山寺的金堂，係由仁和寺移來重建而成。（徐金財 攝）

此外，如以新羅國（今韓國）元曉、義湘兩位大師的故事爲表現內容的「華嚴宗祖師繪傳」（國寶，紙本，鎌倉時代），也極爲出名。元曉大師曾和義湘大師入唐，因遭難而未果。元曉後來放棄入唐，但仍致力於傳播佛法，所著《起信論疏》、《彌陀經疏》等盛行於世，世稱「海東師」。義湘則在六六一年再次入唐，投入智儼門下，直至智儼圓寂（六六八年），共從智儼學華嚴八年；回國後致力於華嚴的教化，被尊爲「海東

靜謐的高山寺，常常雲霧繚繞，正是適合種茶的地理環境。（胡德揚 攝）

華嚴初祖」。這部描繪義湘和元曉的繪卷，全七卷，也稱爲「華嚴緣起」，流麗的筆致，是日本鎌倉初期的代表性繪卷，繪卷上的字相傳是明惠上人所題。

明惠上人顯然被元曉和義湘的故事所感動，所以寺中有關兩位大師的遺品不只繪卷而已。相傳義湘大師入唐後，有一美女善妙戀慕他，但爲義湘所拒；善妙後來被他的志向所感動，反而發願助他傳播佛法。明惠上人既以復興華嚴爲己任，自然也知此事，於是在承久之亂後，因許多女性成爲寡婦，他便在一二二三年於高山寺附近的平岡建立善妙寺。

因有這段故事，後來明惠上人圓寂時，感念他的善妙寺尼便以寫經爲供養，當時所寫的《華嚴經》五十四帖（重文）也因此留存於高山寺。除了此一尼僧所寫的《華嚴經》外，高山寺又有一少見的善妙神立像（重文，木造，高三十一公分，鎌倉時代），也源於這段故事。

不過，以上所提到的高山寺寶物均不對外展示，且大部分分藏在東京和京都國立博物館，高山寺只有部分寺寶有仿造品可供觀覽。佛寺的這些珍藏品雖非人人都有興趣，但一經指出，相信還是讓人瞭解到古代佛寺對文物保存及文化交流上的重大貢獻。

註1 據唐．法藏所述《華嚴一乘教義分齊章經》。

註2 紀伊國別稱，在今和歌山縣、三重縣。

高山寺　右京區梅畑尾町　電話：075-861-4204
官方網站：無

文物遲櫻齊富名

# 仁和寺

仁和寺的特殊性在於和日本皇家的關係密切，
自創建以來，日本天皇及親王一代代在這裡出家。
仁和寺的櫻花也開得比較晚，因而有「遲櫻」之稱，
當別的地方賞花人的腳印零落稀疏時，這裡才開始進入賞花時節……

仁和寺是右京區御室大內的眞言宗御室派總本山，從「御室」一詞，可以看出這座寺院和日本皇家有著特殊而密切關係。

## 和日本皇室關係深

原來，當年日本第五十八代光孝天皇爲了祈求國家和平、民眾幸福，發願在當時皇族、公家們的別墅區，也就是大內山南麓建立伽藍，可惜在完成前駕崩。於是兒子宇多天皇繼承他的遺志，完成這一伽藍，西元八八八年金堂竣工時，天皇爲這座新寺取山號寺名爲「大內山仁和寺」。

八九七年，創建仁和寺的宇多天皇在位十年後，主動退位出家，法名空理。九〇四年，並成爲仁和寺的初代住持。這位在出家前曾貴爲天皇的住

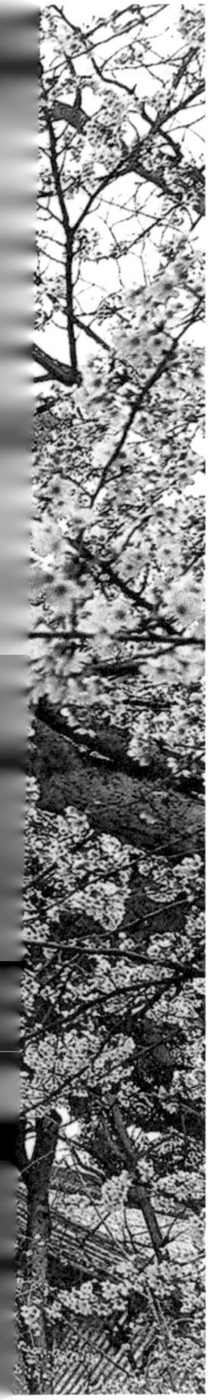

有「遲櫻」之稱的仁和寺御室櫻，讓狂戀櫻花的日本人，在晚春也能有另一次驚豔。（陳志榮 攝）

持，在這裡度過餘生最後三十餘年，所以仁和寺也被敬稱爲「御室御所」。値得一提的是，在本寺出家的日本皇室特別多，一直到明治維新爲止，出家入寺成爲法親王（出家後賜爲親王的皇子）的共達三十代，是日本「門跡寺院」之首。

所謂門跡，原指一門之法跡，也就是繼承祖師法統、統轄一門的寺宇，也指其僧侶。平安前期，自從宇多法皇入仁和寺，而有「御門跡」之稱後，皇子、皇族、攝關家等子弟相繼成爲住持，於是也轉指住職（即住持）所住寺院或其住職。

漢地的佛教寺院中，似乎沒有聽過和皇家有如此特殊關係的寺院，也幾乎沒有出家的皇帝，像梁武帝那樣虔誠的佛弟子，雖曾捨宅爲寺而成爲住持，但並沒有出家；傳說順治皇帝出家，但此事就算不是稗官野史，最多也只能算是個歷史懸案。人們也許會想到金庸武俠小說中的大理國王在退位後出家的事，這在歷史上倒是眞有其事【註一】，但當時既非漢地，未入中華版圖，也非漢傳佛教。

此外，漢地雖也有皇家「御用佛寺」，如八國聯軍時被毀的北京圓明園內唯一倖存的建築群正覺寺，即是皇家經常去的御用佛寺，但也並不像仁和寺一樣由皇族任住持。正因爲仁和寺的這種特殊性，日本室町時代以後，爲表寺格，「門跡」成爲一特有名稱。尤其江戶時代，入佛門的皇子、皇女數目增加，門跡寺院急增，所以還不得不新訂制度加以區分。

此後，親王入寺的稱「宮門跡」、皇女入寺的稱「尼門跡」，攝關家子弟入寺的稱「攝家門跡」、「清華門跡」等。明治維新後，仁和寺第三十代純仁法親王在當時排佛毀釋的狂潮中還俗，皇族爲門主的宮門跡歷史才結束。

由於當年宇多天皇是以東寺（眞言宗）長者益信爲戒師，故至今仁和寺屬眞言宗御室派的總本山，也因爲仁和寺是這樣特殊的寺院，所以在一九九四年順利登錄成爲聯合國教科文組織的「世界文化遺產」。

## 千朵萬朵壓枝低的御室櫻

杜甫有首名詩說：「黃四娘家花滿蹊，千朵萬朵壓枝低。留連戲蝶時時舞，自在嬌鶯恰恰啼。」雖然這詩原本是寫到黃四娘家的沿路風景，但用來形容春天仁和寺滿開的櫻花海中留連賞花的情景也甚妥貼。因爲密密疊疊的櫻花遮人視線，經常使人只聞鶯燕語，不見鳥芳蹤！而那時而鑽出花叢的粉蝶，則像是自告奮勇要解人之危，指引那些不知是被層層花幛所惑困，或因迷戀黃鶯柔美圓潤啼鳴而迷失去路的遊客。

但最貼切的還是「千朵萬朵壓枝低」

▲仁和寺的拜觀御殿是優美的「唐破風」（即捲棚軒）建築。（陳建廷 攝）

這句，因爲仁和寺的櫻花盛開時的光景，非這句詩不足以形容。原來這裡的櫻木高僅三公尺，櫻花也就開得特別低矮，所以這裡的櫻花有「低花」之稱。尤其日文「花」與「鼻」的發音正好都是HANA，於是說HANA之前有HANA，便不知是「鼻子」前面有「花」，還是「花」前面有「鼻子」，是形容御室櫻時故意使用的有趣雙關語。

據說仁和寺的櫻木長得特別矮，是因爲土壤的關係，不知是不是特別貧瘠，這裡的櫻木不只長得不高、花開得低，並且開得特別遲。四月下旬，當枝垂櫻開始散落的時刻，御室櫻才羞澀地向世人吐露芬芳，故有「遲櫻」之稱。不同於一般櫻花只長於枝頭根梢，御室櫻從樹頂到樹腳都開滿櫻

上：1887年御殿燒毀，為了復舊，乃移建安井門跡的寢殿遺構作為黑書院。「襖繪」是昭和初期所畫。（陳建廷 攝）

中：白書院是御殿焚毀後1890年所建，用以暫充為宸殿。之後宸殿等諸建築都重建，於是另稱此建築為白書院。白書院的「襖繪」，也是昭和時代的作品。（陳建廷 攝）

下：仁和寺宸殿是日本現存最早的紫宸殿、宮廷建築的貴重建築物。（陳建廷 攝）

花，也讓狂戀櫻花的日本人在晚春能有另一次驚豔，這爲京都晚春畫上彩妝的御室櫻，便成爲日本指定名勝。

只因有晚開的御室櫻，仁和寺這座皇家寺院和平民百姓間的距離似乎因而縮小了。其實，這座皇家寺院和百姓的距離確實沒有想像中那麼遙不可及，除了御室櫻，還有《徒然草》也使仁和寺廣爲日本民眾所熟知。

《徒然草》和《枕草子》被譽爲日本隨筆雙璧，其中《徒然草》的作者是身爲歌人、隨筆家的兼好法師（一二八三～一三五〇年），他在剃度後結庵於仁和寺南邊名爲雙丘的山麓，圓寂後也葬在那裡。因爲內容有多處提到仁和寺，使仁和寺因此而在日本人的心中親近很多。《徒然草》的書名，按日語的字義講，接近「百無聊賴」的意思，他自認爲筆下所書皆是徒然，所以名之爲《徒然草》，但書中卻句句箴言，實非徒然。

此外，日本佛寺所衍生出來的許多生活藝術，往往具有提昇人們生活品質的功用，產生於仁和寺的「御室流花道」也有這一功能。傳說當年仁和寺開山宇多法皇愛好風雅，曾送櫻一枝給兒子醍醐天皇，因此成爲此派花道的發端。御室流花道認爲將花枝插於寶瓶之中，也是教化人心的一種方法，不過，二次大戰以前只以祕傳、口傳的方式教授，戰後終於將插花方法對一般人公開，人們才得以一窺其廬山眞面目。據說此派花道，基本上以三枝帶花的樹枝來構思，象徵佛教的「體、相、用」，插花時對枝的長短、彎曲的形狀、完成時的角度等都有嚴密的規則。

知道了仁和寺的插花、御室櫻，以

及和《徒然草》的關係後，一般遊客應該不會因爲它是皇家寺院而覺得難以親近了。

仁和寺從平安中期到鎌倉初期都相當繁盛，大內山麓一帶曾有多達七十餘間的伽藍。可惜十五世紀應仁之亂的戰火，金堂以下幾乎無一倖免，遭此大劫後，大約一百八十年之間，僅存雙丘西麓數間堂舍，守住僅有的法燈。伽藍復興的工作一直等到江戶初期，第二十一代住職覺深法親王時，才在第三代將軍德川家光的援助下，將御所（天皇所住的地方）的建築物移於此，也才重現了這一擁有王朝風格的寺廟。

## 御所來的堂宇建築

這些建築物之中，金堂爲國寶，五重塔、觀音堂、中門、二王門、鐘樓、經藏、御影堂、御影堂中門、九所明神社本殿三棟、本坊表門、遼廓亭、飛濤亭等十四棟是重文。參觀仁和寺，首先進入眼底的是雄偉的二王門，這座門也是江戶時代重建，寬五間三戶、高兩層、瓦葺，和南禪寺、知恩院的三門，並稱爲「京都三大門」，但前兩者爲禪宗式建築，這一二王門則是純粹的和樣建築，給人明朗典雅的印象。

穿過二王門便進入參道，這參道筆直可直通金堂，也就是說它貫穿了整個寺域。但二王門和金堂之間還有一個塗著朱色的中門，穿過中門才可見到金堂。寺內其他建築，不少分布在這兩門的參道兩側。觀音堂在中門和金堂之間的西側，內部有本尊千手觀音像和脅侍二十八部眾及風神雷神像等。五重塔則在中門和金堂之間的東側，高三十六公尺有餘，建於一六四四年。一般而言，五重塔的各層屋簷由下而上漸次變小，但這塔的各層屋簷差別不大，是江戶時代的特徵。

此外，還有一個雖非國寶或重文，但保管了最多國寶、重要文化財的建築物，那就是在兩門之間東側的靈寶館。靈寶館之類的建築，是日本近年來在各寺院新建的建築，用以保存國寶或重要文化財，這類建築多有較新的保存設備（如恆溫）及防盜防火、甚至防震等特殊設計，而這又是日本重視文化財的例子。

御影堂是放置住持繪像、雕像的建築，仁和寺的御影堂也是寬永時期重建，裡頭安置了弘法大師、開山宇多法皇、仁和寺第二代大御性親王的像。最裡頭的金堂原是御所的紫宸殿，一六一三年該建築才移建到這裡，此後除屋頂由檜皮改爲瓦及內部多加了須彌壇外，未曾做過大改變。所以，它是現存最早的紫宸殿、宮廷建築的貴重建築物，在日本建築史上佔有極重要位置，整個建築散發著平安時代的寢殿造氣氛。秋天，這裡則是寺內賞紅葉的最佳地方。

另外，值得一提的是御室八十八所靈場。仁和寺深處的成就山，標高雖不到一百公尺，但起起伏伏。就在這小山之中，建有八十八座小堂，被稱爲御室新四國靈場。爲什麼叫新四國靈場呢？那是因爲弘法大師空海的事蹟，自古就很得日本人的尊敬、崇拜，他所經過及建立的靈場（靈佛靈神之道場）雖然分散在四國各處，也都成爲日本人朝聖的目標。但以前要巡禮散在四國全土的八十八座靈場，因全部行程長達一千二百公里，加上

和樣建築的二王門，是「京都三大門」之一。
（徐金財 攝）

要花五十天左右才能達成，對現代人來說頗爲困難。

爲了使那些沒辦法完成巡禮的人完成心願，一八二七年，仁和寺第二十九代濟仁法親王將四國八十八所靈場的沙帶回，在成就山上建了八十八處小堂，各小堂裡頭放置這些沙，並供養有弘法大師像及各靈場的本尊像。所以，雖然全長才約三公里，並且約兩小時就可巡禮完成，但因巡禮這八十八座小堂一次後，就如同在四國八十八靈場走了一圈一樣。因此，這四國八十八靈場縮影的御室新四國靈場，自完成以後，相當受歡迎，尤其風和日麗的日子裡，看到銀髮夫妻巡禮的光景，更是特別令人感動！

## 流傳千年的寺寶

由於仁和寺創建至今已超過一千一百年，所以寺內也收藏了代表各時代的寺寶。佛像方面，阿彌陀三尊像（國寶）是平安時代作品，相傳宇多天皇在金堂竣工後，便以和父帝等身大的阿彌陀三尊像爲本尊，因此這佛像也有千年以上的歷史了。

此外，這尊佛像還是日本現存最早的手結定印阿彌陀像（現置靈寶館）。愛染明王是斬斷人間煩惱、開啓覺悟之道的明王，仁和寺愛染明王坐像（重文，平安時代後期）優美、纖細的表情，是平安時代後期最好的作品之一。

另一尊悉達太子坐像（重文，鎌倉時代），高五十四點二公分。由於日本少有佛陀出家前、也就是悉達多太子像，因此這尊佛像長時間被認爲是聖德太子像，後來從胎內保存的文書，才得知是悉達多太子像。

仁和寺的金堂，是寺內觀賞紅葉的最佳地方。
（陳志榮 攝）

繪畫方面，現存於仁和寺的一幅密教特有的孔雀明王像（國寶，絹本），是所有研究佛教美術的專家所稱道的。這幅神祕又華麗的孔雀明王像是由北宋輸入，孔雀明王是密教祈求息災等的孔雀經法的本尊。在日本，人們又認爲孔雀明王有乞雨、祛病、保佑婦女生產平安的作用。日本一般的孔雀明王像是一面四臂，但這幅繪像是三頭六臂，較爲少見。畫中明王坐於孔雀背上，面貌端正、表情嚴肅、冷淡，臉的兩側有鬼面，而孔雀則畫得高貴威嚴，這樣寫實的畫法，正是北宋畫風的代表作。

在文書方面，首先要提的是弘法大師親筆所書的《三十帖冊子》，是日本密教史、書法史上的至寶。弘法大師及嵯峨天皇、橘逸勢是日本書法史上的「三筆」，這《三十帖冊子》是弘法大師空海入唐時，將密教相關的經典和儀軌的重點，由他和唐的寫經生一起寫下的，特別是三筆之一的橘逸勢的字也出現在《三十帖冊子》裡，價值自然更加貴重。

又日本佛寺是古代漢和文化保存的重要場所，不少仁和寺現存的書籍是連中土都已完全散佚的，還好仁和寺有所保存，這些書籍才得以重新面世，現藏仁和寺的《黃帝內太素》、《黃帝內經．明堂卷》第一、《新修本草》都是這種例子。仁和寺有這麼多古蹟、古物，所以到仁和寺可不只賞遲櫻，還可以參觀這些美術品，和古人作一番心靈的交流。

註1 ■根據《南詔野史》和《滇載記》達九位。

仁和寺 右京區御室大內 電話：075-461-1155
官方網站：http://www.ninnaji.or.jp/

微笑彌勒聲名馳

# 廣隆寺

廣隆寺係聖德太子命令創建的七寺之一，是京都最古老的寺院。

擁有日本「國寶第一號」的彌勒菩薩思惟像，吸引了無數人的讚歎和喜愛。

廣隆寺上宮王院（本堂）左側面（陳志榮 攝）

京都的電車發達，其中也有別具風味的，像京福嵐山線，就是和一般汽車一樣，奔馳在大馬路上的單節電車。

而提到「太秦」，日本人想到的大概是拍過很多古裝片的「東映太秦映畫村」及廣隆寺，事實上，太秦的地名和廣隆寺息息相關。

## 京都第一古寺

在太秦站一下車，眼前所見的木造大門即是廣隆寺的南大門。

根據西元七二〇年成書，也是日本最早敕撰的史書《日本書紀》，對廣隆寺草創時期的相關記述及挖掘調查的結果，知道廣隆寺的歷史可以上溯到西元七世紀。《日本書記．推古紀》推古天皇十一年（六〇三年）載：「十一月，己亥朔，皇太子謂諸大夫曰：『我有尊佛像，誰得是像以恭拜？』時，秦造河勝進曰：『臣拜之』便受佛像，因以造蜂岡寺。」

因爲蜂岡寺和法隆寺、法起寺、中宮寺、橘寺、葛城寺、四天王寺同爲聖德太子命令創建的七寺之一，所以也成爲聖德太子信仰的重地之一。

蜂岡寺幾經演變，也就是今天所看到的廣隆寺，該寺在紙屋川上游，是「山城」（今京都）最古老的寺院，坐落在右京區太秦蜂岡町。自古以來，還有秦公寺、川勝寺、太秦太子堂等稱呼。

聖德太子是日本史上極爲重要的人物，翻開《日本書紀．推古紀》關於他的身世有下列記載：當時天皇爲蘇我氏所殺，於是群臣勸進皇后踐祚，即位後的皇后就是推古天皇。天皇立聖德太子爲皇太子，並由他攝政，「萬機悉委焉」。他「生而能言，有聖智。及壯，一聞十人訴，以勿失能辨，兼知未然。且習內教於高麗僧慧慈，學外典於博士覺哿，並悉達矣」。

從這些描述，可以知道聖德太子非同凡人，不但一次能同時聽十個人講話，且曾向高麗僧學佛，並盡全力興隆三寶，在他的推動下，諸臣競造佛寺。他公布的〈十七條憲法〉中，第二條要所有人「篤敬三寶」，也使佛教從此深植在日本的歷史文化中。此外，他還曾派遣隋使小野妹子赴漢地，想和隋朝建立起文化交流的橋

在京福嵐山線太秦站一下車，即可看到廣隆寺的南大門。
（王常怡 攝）

樑。這種種措施，使日本面貌爲之一變，歷史稱之爲「大化革新」。

京都的佛寺中，有的是開山祖師發願創建，有的是赴唐、宋、明等日本僧侶到漢地學習回到日本後，將當時的佛教流派、建築、文化等傳入日本。但廣隆寺卻不是這樣。

關於秦氏一族，普遍的說法是歸化日本的新羅人，他們居住在相當於現在京都市右京區、西京區一帶的葛野郡，以養蠶、機織業爲主。此外，還有製陶、造酒、治水、土木工程等先進的技術，秦氏一族將大陸和半島的先進文明帶入日本，使這個地方的產業有了長足進步。這個地方也因此留下了不少相關產業的信仰和建築遺構，像曾在台灣公共電視上映，由宮尾登美子名著改編的日劇《藏》，劇中不願與命運妥協的失明女主角阿烈，爭取要從父親手中接掌釀酒事業時，即是先到廣隆寺附近的松尾大社參拜，因爲松尾大社所祀的是造酒之神。此外，廣隆寺附近還有被稱爲「蠶之社」的木島神社。所以，從廣隆寺也可以看到日本文化多元的一面。

廣隆寺原本是三論、眞言兼修的寺院，但是到了平安時代，轉變成信仰藥師如來；而到了鎌倉時代，因爲寺中的八角堂，又成爲聖德太子信仰的中心。最盛時，其下擁有十座以上的塔頭，但都毀在明治初期的廢佛毀釋運動中。今天的廣隆寺山號蜂岡山，屬眞言宗御室派。

## 伽藍以桂宮院最著

廣隆寺創建以來，因爲火災及應仁之亂的危害，草創時的堂院都已不復存。江戶時代重建的主要建物有樓門、上宮王院本堂，昭和時代新建的則有靈寶殿。樓門也就是本寺的正門，建於一七〇二年。

上宮王院（入母屋造、檜皮葺）是廣隆寺本堂，它最裡面的廚子內安置本尊聖德太子立像，因爲有銘文，所以知道是刻於一一二〇年，造型是聖德太子三十三歲賜秦河勝佛像時的樣貌。不但本身雕有衣服，還爲雕像穿了眞正的服裝，且裝束並非一成不變，而是在每位天皇即位時，由天皇下賜。

收藏寺寶的靈寶殿外有一個側門，門內有小路蜿蜒，夾道樹木繁茂、綠枝搖曳，爲小徑添幽。盡處是一院落，四周圍著白垣，院外翠竹環抱，光影婆娑。門口有橫木擋住，門內是青磚鋪成的參道，盡處的建築物就是桂宮院（國寶，單層檜皮葺，八柱造）。

位在廣隆寺西側的桂宮院，和法隆寺的夢殿形式一樣，所以又稱爲八角圓堂；又因爲庭院位在深隱處，也稱奧院，是中觀上人在一二五一年重建，攢尖的屋頂有如傘蓋，最頂端由露盤承寶珠。因爲屋頂的斜面平緩，但到了屋簷末緣，向上翹起的幅度較大，加上外頭圍繞建築一圈的地板做得很薄，所以整個桂宮院的外觀給人輕快的感覺。但平日不公開，只有在四、五、十、十一月的星期日及節日，才能看到它的外觀。

重建於一一六五年的講堂（重文），也稱爲赤堂。內部中間安置本尊阿彌陀如來坐像（國寶），左右分別安置虛空藏菩薩坐像及地藏菩薩坐像（重文）。

廣隆寺靈寶殿收藏有大量的寺院珍寶，安置了從飛鳥、天平一直到鎌倉等各時代的國寶，殿中顯得昏暗，是爲了善加保存展示品，而將光、空氣、溫度等都作了對寶物最有利調整的緣故。

## 佛像雕刻世所矚目

黑暗中有三束光線籠罩了三尊佛像，中央一尊即是日本國寶第一號彌勒菩薩半跏思惟像（國寶，飛鳥時代），左手邊是彌勒菩薩坐像（重文，天平時代），右手邊則是彌勒菩薩半跏思惟像（國寶，飛鳥時代）。

中間呈微笑狀的彌勒菩薩半跏像，曾出現在日本郵票上，最爲人所熟知。實體如眞人大小（高一二三點三公分，加上台座則約一四七公分），右腳置於左膝上，也就是所謂的半跏。原本「跏」指跏趺，也就是雙足交迭的打坐姿勢，而半跏則是一足迭在另一足上；頭部微微低垂，眼睛稍稍睜開，彷彿陷入沉思，卻不像羅丹的「沉思者」有如在苦思那樣。

這尊彌勒像嘴角掛著一絲似有若無的微笑，右手半舉，作出優雅的拈花狀，中指翹起，指向這「古拙的微笑」（archaic smile，希臘初期雕刻所特有的表情）。這種微笑雖然在中國六朝時代，或者日本飛鳥時代的雕刻中常可見到，卻很少能引起這麼多的關注。因爲這尊雕像的微笑配合整個身體的姿勢，特別給人慈悲、寧靜又神祕的感覺。

世人都知達文西的「蒙娜麗莎的微笑」引起無數人的好奇，而這尊菩薩的微笑表情，自古以來也同樣吸引無數人的讚歎。它不但是日本佛教雕刻

春日櫻花盛開時的廣隆寺。（陳志榮 攝）

藝術中的精品，在世界雕刻中也同樣佔有一席之地，德國著名的存在主義哲學家卡爾・雅斯培（Karl Theodor Jaspers）就對這尊雕像激賞有加，說這尊雕像是「人類存在的最清淨的、最圓滿的、最永遠的姿態的象徵」。

比國寶一號稍小，安置其右側的另一尊彌勒菩薩半跏思惟像，相傳是由百濟渡海傳來。但因是由現在朝鮮半島所不產的樟木刻成，所以也有認爲應該是七世紀末或八世紀初在日本所刻成的。雖是和國寶一號相似造型的彌勒像，但表情像在哭泣，所以外號「哭泣彌勒」，成爲有趣的對比。國寶一號左手邊還是彌勒菩薩坐像，三尊彌勒菩薩像同置一處，是難得一見的。

位於靈寶殿左手南邊位置的，是四天王之一的增長天立像（重文，藤原

圖為廣隆寺上宮王院（本堂）。正面之額是「以和為尊」，左邊之額書「佛法廣隆」，分別和聖德太子及本寺寺名有關。
（陳志榮 攝）

時期）及十二尊神將像（國寶），十二神將像相傳是平等院的阿彌陀如來坐像雕刻師定朝弟子長勢的作品。因爲是藥師如來的守護神，所以十二尊都臉現怒容、身著冑甲、手持弓、劍等武器而立於岩座上。位於西側的，有廣目天立像（重文，藤原時期）、阿彌陀如來像、不動明王坐像和聖德太子十六歲像（重文，鎌倉時期）等。

位於三尊彌勒菩薩像正後方，另有三尊巨大佛像並列，分別是不空羂策觀音（國寶，天平時期）、十手觀音坐像（重文，藤原時期）、十一面千手觀音（國寶，平安初期）。密教的不空羂策觀音是著色木像，高三一四公分，右手持錫杖說法的造型。十手觀音坐像是寄木造，據說製作完成時，原有四十二隻手，後來部分毀損才成今日模樣。另一尊十一面千手觀音是較常見的雕像，因爲唐帝國則天武后時，外族犯唐，戰事即將失利的時候，華嚴三祖法藏大師奉命設立壇場，結果成功擊退敵軍，壇場中的本尊即是十一面觀音，所以即使漢地，對十一面觀音也不陌生。

殿中北側有吉祥天立像（重文，平安初期）、埋木地藏菩薩（重文），東側則有四天王之一的持國天立像（重文，藤原時期）等。吉祥天在日本算是普遍可見的佛教護法神，祂是毘沙門天之妃，被認爲是美及幸福之神，能予人福德安樂，也稱功德天。

廣隆寺的建築物雖然在京都各寺院中不算特殊，但靈寶殿中的佛像則陳列了各時代的作品並聞名於世，喜歡佛教雕刻的人，通常不會放過。

廣隆寺　右京區太秦蜂岡町　電話：075-861-1461
官方網站：http://www.uzumasa.net/koryuji/

栴檀瑞像傳嵯峨

# 清涼寺

中國大陸的五台山相傳為文殊菩薩行化的道場，
五台山上的清涼寺因此成為著名古剎。
然而在京都右京區嵯峨町，也有一座清涼寺，
因供奉該國國寶——釋迦如來的生身立像，而備受民眾景仰。

雖然在印度、西域等地有關文殊菩薩信仰的記載不多，但漢傳佛教中，文殊菩薩卻幾乎是所有佛子盡知的菩薩。華嚴宗稱東方清涼山爲其住所，山西五台山（清涼寺）是其道場。

## 日本也有五台山

歷史上的清涼寺，位於山西五台山中台的清涼谷，是北魏孝文帝時創建，曾經香火鼎盛，甚至還吸引外國信眾來此朝聖。在唐開成四年（西元八三九年），到寺參禮的日僧圓仁還寫下《入唐求法巡禮記》，爲當時的清涼寺留下許多寶貴資料。只可惜這座歷史上赫赫有名的清涼寺現已荒廢，僅存清涼石及千佛塔。

如果對台灣旅客說日本京都也有一座五台山，他們可能會大爲驚訝吧！但京都眞的有五台山，它位在右京區嵯峨町，五台山其實是這座清涼寺的山號，更多日本人稱此寺爲釋迦堂。

世界上各個主要宗教的教主，當離

懸掛著「五臺山」的仁王門。（陳建廷 攝）。

開他們的信徒之後，信徒為了不忘教主的教誨，那些可以喚起信徒與教主之間共鳴的橋樑，就變得重要起來。就佛教而言，佛陀荼毘後所遺留下的舍利，成為佛教徒崇拜的象徵，甚至連菩提樹也成為信徒思憶佛陀的標記，人們藉著這些象徵、標記也增強了對佛教的信心；到後來，佛教在最初五百多年間未曾出現的佛像也開始出現了。

不過佛像的製作，還有更深一層的意涵。根據著名佛教研究者趙樸初居士的看法，大乘佛教盛行之後，佛像也跟著流行的原因，一來是為了紀念佛陀，二則是傳達佛教的教義，因為佛像的姿態與手勢通常富含深意。漢傳佛教的佛陀造像最常見的有兩種：一種是坐像，左手橫置左足上，右手向上屈指作環形，名為「說法印」，表示佛說法的姿勢。另一種是立像，左手下垂名「與願印」，表能滿眾生願；右手屈臂向上伸，名「施無畏印」，表能拔除眾生之苦。

相傳釋尊一夏九旬，升忉利天為母說法，印度拘睒彌國優塡王因思慕佛陀，便請工匠以牛頭栴檀造高五尺的如來像，如來自天宮還，刻檀之像立而迎之，所以世尊囑用雕像作為末世教化之用。因為是用牛頭旃檀所刻，故稱此種立像為旃檀佛像；又因人們認為當時釋尊三十七歲，由於形像圓滿，故稱瑞像。

優塡王所造之像，傳說流傳到中土，《太平廣記》卷九十三就記載，從前荊州大明寺內的旃檀佛像，即是優塡王所造。這種造型的立像在宋代才由奈良東大寺僧奝然，在九八七年傳入日本，至今還保存在清涼寺。這尊列爲日本國寶的佛像由於太過出名，所以多數人稱清涼寺爲釋迦堂。

## 「三國傳來」的佛像

這尊雕像從前就有各種傳說，例如《大和本草批正》就指出：「相傳嵯峨釋迦爲赤旃檀云、具香味、夏月生汗。」日語「赤旃檀」就是所謂的牛頭栴檀，是產於印度摩羅耶山脈（今西卡茲山脈）牛頭山的旃檀（檀香），呈黃褐色，是栴檀中的佳品。

換言之，以前的日本人認爲這是從印度傳來的，所以稱之爲「三國傳來釋迦如來」（三國指印度、宋國、日本），尤其在江戶時代，它是京都最受景仰的佛像之一，被稱爲「日本三如來」之一，甚至被認爲是佛陀的生身而備受崇敬。

旃檀佛像在傳入日本後，模仿這種

奝然上人之墓（陳建廷 攝）

造型的雕刻開始多起來，並被日人稱爲清涼寺式釋迦像。至江戶時代爲止，模刻且現存的這種佛像有近百尊，最早的是一〇九八年時，擔任清涼寺別當【註二】的隆明所模刻，現安置於三室戶寺者的佛像（重文）；另外，此類立像最早的刻材爲牛頭旃檀，是以模仿之作也多塗成紅褐色。

在昭和二十年代，日本重要的美術品都重新清查，並重新鑑定哪些要列

上：聖德太子殿（陳建廷 攝）
下：豐臣秀賴公首塚（陳建廷 攝）

為國寶。由於這尊佛像在當時指定為國寶，有關當局於是加以愼重檢查。他們測量此像是高一六二點六公分的等身立像，螺髻、通肩大衣有流水狀衣紋，是具印度犍陀羅（Gandhara，今巴基斯坦西北，阿富汗東部）風格的佛像，用材則是前後刳空的二材在兩體側部組合而成的「寄木造」，但出人意料的是材質並非旃檀，因而引起日人的廣泛注意。

不久，東寺的兜跋毘沙門天像也在修理時發現，兩尊雕像都是用日本少見的原產中國大陸的魏氏櫻桃木（Prunus Wilsoni Koehne）所刻，且清涼寺的佛像是台州附近的櫻樹。

為什麼知道是台州呢？因為背刳蓋板刻著台州張延皎、張延襲兄弟的刻銘，三國傳來的佛像頓時變成二國傳來，且是九八五年所模刻，使信徒大失所望。

## 世界最早的內臟模型

但是事情並沒有至此告一段落，還有新的發現令人振奮！那就是被刳空的佛像胎內，竟然發現許多重要文物。最引人注意的是，包括絹製的五腑六臟模型，心臟、腦、齒則代以鏡子鑲入，血管和肌肉、神經則以網和絲織物來表現。

此外，額頭有一銀製佛，耳有水晶，眼裡有黑水晶，整個像內模型完全模仿人體構造，而這也成為千年以前漢人即有解剖學知識的證明；這一佛像內的模型，也是世上現存最早的內臟模型。據說當年在為釋迦如來像裝牙時，該像竟流出一滴血而被視為生身之佛。

除了模型，像內還同時放入了記載

此像建造由來的《奝然入宋求法巡禮行並瑞像造立記》、《入瑞像五臟具記捨物注文》、《義藏奝然結緣手印狀》、《奝然念人交名帳》等文書；除此之外，還有經卷、版本佛畫等許多佛教文物在內，這些珍貴的文物、模型後來也均被列爲國寶。

佛像的光背則是日本產的櫻材，看似平安時代之作，但也有人質疑是仿刻，台座則有建保六年（一二一八年），日本著名佛像雕刻師快慶親手修理時的刻銘，足見這尊雕像自古以來就一直爲日本人所珍視。不過，平時訪客參觀所看到的是複製品，只有在每年春季（四月一日至五月三十一日）和秋季（十月一日至十一月三十日）特別公開期間，會和清涼寺其他國寶同時展出。

從平安時代末期開始，因爲這尊生身如來有各種靈驗傳說，信眾既多，這個地方也就未曾有過沒落的景象。

日本淨土宗開祖法然上人在二十四歲時，爲求解救世人的佛法，於是在寺內釋尊像前閉關七日。隨著淨土宗的發展，嵯峨一帶成爲隱士高人宗教活動的據點，清涼寺的念佛色彩漸濃，並盛行大念佛（即「融通念佛」），所以本寺的宗派也就由最初的華嚴宗而變爲淨土宗。

## 《源氏物語》主人公的舊居地

奝然帶回的佛像，先是供奉於京都蓮台寺，接著他奏請希望佛像能安奉於京都西北的愛宕山，因爲該山被比爲日本的五台山。可惜奝然的願望尚未實現，即於一〇一六年往生，其弟子盛算乃將佛像供養於愛宕山麓的棲霞寺內。

### 能劇・狂言

「能」是使用假面面具的音樂劇，表演方式抽象，且內容多為悲劇；相對地，「狂言」的表演方式就較為寫實，且多是諷刺或失敗經驗談等以滑稽為主的內容。「狂言」之名原是佛教用語「狂言」（放言、妄言）、「綺語」。學界一般認為日本文學的「狂言綺語觀」，源於白居易的〈蘇州南禪院白氏文集記〉。白居易在反省自己的「狂言綺語」時，認為可將之轉為「贊佛乘之因，轉法輪之緣」，而肯定了「狂言綺語」的價值。這種化綺語為道種的文學觀念，一直存在於許多對佛教有所信仰的古代文學家之間。

今天只要一進入清涼寺，懸掛著「五台山」的仁王門，供奉釋迦如來立像的本堂即在眼前，本堂外懸掛的匾額寫著「栴檀瑞相」，爲明末開日本黃檗宗的歸化漢僧隱元禪師所題。本堂雖是在九四五年建立，但經過多次毀損，今天所見的本堂是一七〇一年重建時的樣式。

當時爲了重建，本尊開始在江戶各地「出開帳」，也就是將該寺的本尊移到寺院外的場所公諸世人，因而逐漸匯集了各地三國傳來釋迦像的信仰；加上德川幕府第五代將軍綱吉生母桂昌院的外護，本堂終於得以重建，以後清涼寺還逐漸以「嵯峨之釋迦堂」聞名於外，原本的棲霞寺反而漸漸被人們所淡忘。

其實，棲霞寺在歷史上也是個著名的寺院，因爲它和《源氏物語》有

▲本堂外懸掛的「栴檀瑞相」匾額，是明末開日本黃檗宗的歸化漢僧隱元禪師所題。（陳建廷 攝）

關。據說紫式部在千年前寫日本古典名著《源氏物語》時，書中主人公光源氏，是現實上的嵯峨天皇的第十二皇子河原左大臣源融。天皇將仙洞（嵯峨院）的一部分賜給源融作爲別墅棲霞觀的用地，源融死後，他的遺族將別墅改爲棲霞寺，這就是清涼寺阿彌陀堂的濫觴。幾經火災，今日所見的阿彌陀堂是一八六三年時重建的型式，本尊是原棲霞寺的阿彌陀三尊坐像（國寶，現已移置到靈寶館）。

清涼寺中除本堂、阿

▲清涼寺的經藏為輪藏。輪藏乃南朝梁雙林善慧大士傅翕愍世人多故不暇誦經及不識字，而創轉輪藏。輪藏轉一回猶如讀過一切經一遍的功德。一般輪藏所供養之像正面為傅翕，兩脅為普淨、普現。（陳建廷 攝）

彌陀堂兩大建築物外，還有一切經藏、藥師寺、弁天堂、聖德太子殿、多寶塔、鐘樓、法然上人求道青年像、豐臣秀賴公首塚等堂塔建築。

值得一提的是少見的狂言堂，就像佛教曾對古代中國的文學藝術發生重大影響一樣（例如敦煌莫高窟發現的各種變文，可以看出和平話、小說、戲曲等中國俗文學有濃厚關係），日本佛教和文藝的交互影響，更是有過之而無不及。至今，西本願寺保存的能劇舞台及清涼寺的狂言堂就是例子。狂言堂在每年四月會演出「嵯峨大念佛狂言」，日本已指定爲國家重要無形文化財，據說這齣狂言劇是鎌倉時代末期，圓覺上人爲對庶民廣說佛法而作。

清涼寺重要的寺寶，還有絹本著色十六羅漢像十六幅（國寶），是北宋羅漢像唯一遺傳至今的作品，現寄存在東京和京都國立博物館各八幅。此外，並有文殊菩薩騎獅像（重文）及在日本僅四例、以密教帝釋天爲範本的普賢菩薩騎象像（重文）等。

走在清涼寺，再次感受到佛教和日本的文化與生活是如此密不可分。也許再次聞到檀香時，想到的會是京都的清涼寺吧！

註1 ■ 別當是東大寺、興福寺、四天王寺等大寺，位於三綱上位、總裁寺務的人。

清涼寺 右京區嵯峨釋迦堂藤木町 電話：075-861-0343
官方網站：無

# 洛中

- 相國寺
- 東寺
- 東、西本願寺

東寺五重塔（陳建廷 攝）

花之御所與禪風

# 相國寺

也許您未曾聽過相國寺，但一定聽過金碧輝煌的金閣寺及擁有著名枯山水的銀閣寺吧！金閣、銀閣的名氣雖響，但都屬於相國寺的末寺，可以想見，名列京都五山之一的相國寺在日本佛教界的重要性。

說起相國寺，盤旋腦際的應該是《水滸傳》中魯智深倒拔垂楊柳、林教頭結識魯智深等精彩畫面。河南開封大相國寺千百年來，一直是許多傳說和戲劇、小說中的發生場景。

大唐帝國所建的大相國寺原是在唐延和元年（西元七一二年），睿宗李旦爲了紀念他由相王繼位爲皇帝，而將原來的建國寺改名爲「相國寺」。到了宋代，大相國寺寺運更達巔峰，號稱皇家寺。宋帝誕辰及重大節慶多在該寺舉行，甚至新進士題名刻石在大相國寺中是宋代慣例，相國寺的歷代名僧均獲皇帝親賜封號。

## 名列五山之一

著有《五台山記》並蒙宋神宗召見的日僧成尋（一〇一一～一〇八一年），也曾住過此寺，因此大相國寺很早就享譽日本。曾經，日本京都相國寺的尊榮不下開封大相國寺。京都相國寺的寺名源自開封大相國寺，發

京都相國寺的寺名，源自中國大陸開封大相國寺，此一友好紀念碑銘記和漢交流史。（徐金財 攝）

願建相國寺者，是被明惠帝封爲日本國王的足利第三代將軍足利義滿。他著眼對明貿易可以解決日本的經濟困境，而展開對明的朝貢貿易。

他請日僧春屋妙葩（一三一一～一三八八年）開創此寺並取寺名，當時春屋對義滿說：「您現在位居左大臣，左大臣相當於中國的相國，取名相國寺如何？」同樣問題，義滿也問日僧義堂周信，義堂也說：「中國有大相國寺，乃一座大寺，您所建的新寺可上奏天皇，因承天子之恩而建，可名爲承天相國寺。」

相國寺是京都五山之一，地位崇高，且就坐落在足利義滿所居住的「花之御所」室町第附近。

春屋妙葩是日本臨濟宗著名禪師，留下許多令人稱道的行跡。當年他負責創建此寺，原應是相國寺的開山祖師，但一三八三年相國寺完成時，他卻追請以其師夢窗疏石（一二七五～一三五一年）爲開山祖師，而自甘屈居爲第二任住持。禪宗特重師承固衆所周知，但春屋如此念念不忘恩師，實在令人感動！春屋在遺偈中有「幻

大本山相國寺的總門，總門是指禪宗寺院最外側的正門。（陳建廷 攝）

生七十有餘年，了卻先師未了緣」之句，也顯示即使到臨終都不忘師恩。

開封大相國寺和京都相國寺都規模宏大，宋代大相國寺的全盛時期，面積達五百四十餘畝，光中庭兩廡就可容納萬人。北宋時，大相國寺同時是東京（汴京，今開封）的貿易及娛樂中心，《東京夢華錄》中記載了當時買賣熱絡的情況說：「相國寺每月五次開放，萬姓交易。」以寺廟爲中心而發展出市集，在早期台灣也是屢見不鮮；但若論規模與熱鬧程度，恐怕無法和宋代的大相國寺相提並論。

京都的相國寺完成時佔地也相當大，南邊的同志社大學、北邊的成安女子學園、烏丸中學等學校的大部分土地，原本也都屬於相國寺所有，只是後來因戰亂等關係才縮減。即使這樣，今天的相國寺規模仍然很大。

開封大相國寺的佛教藝術收藏品自古就名聞中外，高麗官方還曾派崔思訓帶領多位畫家到相國寺臨摹寺內的壁畫回國。明代以前，寺內更藏有大量稀世珍寶，如畫聖吳道子、塑聖楊惠之和北宋大文豪蘇軾的手跡等，是一座名副其實的文化藝術寶庫。

## 中土畫師影響日本畫壇至鉅

京都相國寺所藏文物也相當可觀，並且和中原佛教藝術關係密切，甚至藏有中土人士所繪圖畫，例如「十六羅漢圖」（重文），即是由寧波（明州）輸入。寧波長時間作爲對日貿易港，宋代時附近佛寺甚多，文風亦盛，因此產生一批職業性的佛畫家，如牧谿、陸信忠、普悅等人，他們在中土的畫史上雖不出名，但日本留存的宋元繪畫卻留下他們的名字。

這群佛畫師經常製作觀音、羅漢、涅槃、十牛圖等寺院用佛畫，也被寧波的日本人收購帶回國珍藏，相國寺的「十六羅漢圖」就是活躍於元代的畫家陸信忠所繪。有趣的是，十六幅的畫中署名「慶元府車橋石板巷陸信忠筆」，都是肉眼難以看見的小字。或許古代藝人總以自己渺小而恥留名於畫上，即使無法忘我，也只將名字用小字寫在上面。

羅漢畫的出現是個有趣的現象，五代時期的佛畫、畫風已漸由佛菩薩像，轉而爲畫羅漢和觀世音菩薩；風格上，也由宗教性質漸轉爲觀賞性質。到了兩宋時期，不但山水畫大興，羅漢畫也在同時期達到一個高峰，並沿襲到明清時代。

漢畫中羅漢的外表，往往是人間高僧模樣，既有佛陀度世救人的情操，又不需如同佛像那麼合乎儀軌，可以表現出更超乎常人的神通自在。宋代文人經常參禪，士大夫喜愛羅漢不在話下，可惜現存的羅漢畫蹟中，東瀛保存較多，台灣、中國大陸反不多見。所以，想瞭解當時的羅漢畫風，得注意日本的保存品。

在這群畫師之中，日本人所重視的應是牧谿。他是宋末理宗、度宗時代人，曾在杭州西湖長慶寺當雜役僧，法名法常，牧谿是號。日本人認爲他是無準師範（一一七七～一二四九年）的法嗣，因受賈似道追捕才逃到浙江。到浙後，和當地文人學士相與往還，是一禪僧畫家。雖然他在本國名氣不響，但日本人視之爲東洋水墨畫的極致。特別是室町時代以後的初期水墨畫家，都學習他畫中所蘊涵的高超精神趣味，他的作品有不少流傳到

相國寺方丈北側庭園一景。
（胡德揚 攝）

日本，相國寺也收藏有他的一幅觀音像。

相國寺不但收購中土畫師的畫作，本身更是畫家、文人輩出。畫家當中以天章周文（生歿年不詳）最著，他在年輕時入相國寺參禪學畫，後來成爲畫僧，是日本十五世紀室町時代，宋元水墨畫的集大成者，被公認爲打下日本水墨畫的基礎，並進而影響了當時的其他畫家，有「日本水墨畫之父」的稱號。

## 禪機處處的「十牛圖」

除了觀世音菩薩、羅漢外，十牛圖是從南宋以來流行的佛畫，版本多達十數種。相國寺寺寶之一的「十牛圖」（重文），相傳出自天章周文手筆，圖中的頌則是出自日本五山文壇一流作家絕海中津（一三三六～一四〇五

年，和義堂周信並稱爲「五山文學」雙璧）；絕海中津所據的是廓庵禪師的十牛圖。

絕海中津也和中土有淵源，他原是相國寺開山祖師夢窗疏石的侍者，後來留學明國，和明國開國文臣之首宋濂、詩僧宗泐（號全室，一三一八～一三九一年）等交遊，名聲播於中土詩壇；由於聲譽太隆，明國甚至不願放他回日本。

相國寺鐘樓一名洪音樓，是現存少數的大型「袴腰付」鐘樓。袴腰指梯形。（林宣宇 攝）

一次，明太祖在英武樓召見他時，問他有關徐福的熊野古祠（今日本和歌山縣）事，他便藉機賦詩：「熊野峰前徐福祠，滿山藥草雨餘肥，只今海上波濤穩，萬里好風須早歸。」透露他想回國的念頭。機敏如明太祖自然會得，便賜和：「熊野峰高血食祠，松根琥珀也應肥，當年徐福求僊（同「仙」）藥，直到如今更不歸。」他才得以如願回日本。回國之後，曾住多寺，後來移住相國寺，足利義滿時時參問，並對他極爲厚待。

記得第一次欣賞相國寺的「十牛圖」時，還不知道它爲何物？後來查閱禪宗書籍，才知道十牛圖是以牧牛爲主題，並附上自序和偈頌來表現禪修方法和次第。禪宗選定牛來比喻眾生的佛性有其道理，《法華經》中就有羊車、鹿車、牛車的比喻，古代祖師也經常將羊、鹿二車比喻爲聲聞、緣覺，牛車則象徵菩薩。十牛圖的名稱，依次是尋牛、見跡、見牛、得牛、牧牛、騎牛歸家、忘牛存人、人牛俱忘、返本還源、入鄽垂手，每一幅畫都充滿禪機。

十牛圖不用思辨方法和理論架構，而採用圖畫和詩歌結合的方式，濃縮表現了禪宗的教義體系。像第八幅圖中一片空白，即是用來比喻凡情脫落，全界無物，凡聖共泯；第九幅〈返本還源〉，則是用青山綠水來表現不留塵埃，比喻本心清淨，無有煩惱、妄念。

另外，第十幅〈入鄽垂手〉象徵迴小向大的大乘佛法的利他精神，畫上的頌說：「露胸跣足入鄽來，抹土塗灰笑滿腮，不用神仙眞祕訣，直教枯木放花開。」正是大乘菩薩道人間擺渡的願心，也就是施叔青女士寫聖嚴法師傳記，法師爲之取名《枯木開花》的意涵。

## 具有禪宗特色的建築

走進相國寺，會在敕使門北邊發現一個池子，日本禪宗伽藍一般將池子建於三門之前，相國寺名爲功德池（也稱放生池）。池上往三門方向的石橋稱爲天界橋，據說從前是此寺和京都御所的界限。

相國寺自創建之後曾多次全毀，第一次全毀是在相國寺草創不久的一三九四年九月的一場火災。當時第六代住持絕海已從住持退下，得知發生火災，立刻趕至勉勵因寺廟燒毀而陷入茫然的足利義滿說：「古昔印度祇園精舍罹災時，南天竺王起大願再興；又宋國徑山燒後，宋理宗皇帝降敕命

相國寺法堂是日本最古老的法堂，也是禪宗樣的代表性建築之一，下層裝飾簷有一排捨瓦。（林宣宇 攝）

再建，請殿下也發大願復興！」至今相國寺因內部失火兩次、兵火兩次而致全寺皆毀；但之後都因願心而恢復舊觀，簡直浴火鳳凰，不斷重生。

相國寺中最值一看的是重建於一六〇五年，屬於桃山時代遺構的法堂（重文），這是日本現存最古老的法堂，因相國寺的佛殿已毀，如今兼作佛殿，供奉釋迦如來及其脅侍。法堂是七堂伽藍之一，也是禪林演布大法的殿堂，禪宗因「講」通於「講教」，爲和他宗區別，顯示教外別傳的宗旨，所以特稱講堂爲法堂。

相國寺的法堂是所謂「禪宗樣」建築，禪宗樣的主要建築特色是伽藍配置以一直線排列爲主；另外，像屋頂的傾斜度較大、「組物」（承受屋檐的斗栱等）的細部裝飾較多，也是禪宗樣建築的特色，是日本在鎌倉時代初期，與禪宗一起由南宋傳到日本的建築式樣，與和式建築同爲日本建築的兩大主流。

相國寺的法堂外觀有兩層，但進到裡頭會發現實際只有一層，這種設計在台灣稱爲歇山重簷式，也是中、日、韓的宮殿和寺院在建造時最基本的建築樣式之一。其實下方的簷是裝飾簷，它的瓦因爲經常要承接上層滴下的雨水，比較易毀，所以其中有排列不一樣的「捨瓦」，以便於更換。

法堂內部天花板的蟠龍圖，係出於狩野派的狩野光信（一五六五～一六〇八年）之筆。禪宗法堂多繪有龍，因爲龍屬天龍八部之一，是佛教的護法，有龍的地方，表示是莊嚴神聖的地方；也有民俗學者主張「雲從龍、風從虎」，禪宗的雲龍有防火的心理作用。

相國寺 上京區今出川通烏丸東入相國寺門前町 電話：075-231-0301
官方網站：http://www.shokoku-ji.or.jp/

# 東寺

## 羅城門旁播眞言

在日本，不管白天或夜晚，乘坐新幹線或JR的電車時，只要遠遠看到五重塔，就彷彿通知旅人：「京都到了！」這座日本最高、被指定為日本國寶、京都象徵性建築之一的五重塔，就位於列名「世界文化遺產」的日本真言宗東寺派大本山東寺之內。

東寺的五重塔，是日本最高的五重塔。（王常怡 攝）

在日本，不管白天或夜晚，乘坐新幹線或JR的電車時，只要遠遠看到五重塔，就彷彿通知旅人：「京都到了！」這座首建於西元八二六年的古塔，原由弘法大師空海所設計，從開始施工到完成花了近五十年，但一千二百年來，曾全毀過六次。

如今所見到的塔身是建於一六四四年，高五十七公尺，雖然是江戶時期的建築，但是在重建時，仍盡力將它重建在原有位置及維持原有的規模。因此，今天所見之塔，仍保存空海初創時渾厚拙樸的風格。塔身的每層高度與塔簷的遞減率配合得天衣無縫，所以給人既宏偉壯觀，又富穩重的感覺。

## 鴻臚館與羅生門

這座日本最高、被指定爲日本國

位於東寺境內的修行大師像。每年年末，信徒會排列像前，合掌感謝過去一年的平安無事及新的一年能無病息災。
（陳建廷 攝）

寶、京都象徵性建築之一的五重塔，位於列名「世界文化遺產」的日本眞言宗東寺派大本山東寺之內。

七九四年，日本遷都平安京（今京都），桓武天皇爲了安定剛遷都時浮動的民心，選在京都最重要的朱雀大路南端、羅城門的東西兩端各設一寺，並分別取名爲東寺與西寺，作爲鎮護京城的正式官寺。

其中，東寺還有其他功能，日本著名的歷史小說家司馬遼太郎考證說，東寺原有鴻臚館，它是仿唐朝鴻臚寺而設的官衙。鴻臚寺雖是政府廳舍，卻和佛教頗有淵源。原來從漢代起，鴻臚寺即是接待外國賓客之地。相傳東漢明帝永平十年（六十七年）時，天竺的攝摩騰、竺法蘭二僧用白馬從西域馱經到洛陽，開始時和一般西域人一樣被安置在鴻臚寺，後來明帝敕令在洛陽城西雍門，建造精舍供養二僧。

由於佛經是由「白馬」馱來，而接待西域人之處爲鴻臚「寺」，故命名爲「白馬寺」，從此以後，「寺」就成爲漢傳佛教僧院的泛稱。不但鴻臚寺和佛教有關，其長官鴻臚卿也和僧侶有關聯。唐代佛法昌盛，西域高僧往往被贈鴻臚卿，如菩提流志、善無畏、不空等諸師都曾受此殊榮。

平安京新城正門羅城門的兩座新寺之中，東寺又稱教王護國寺、左寺、左大寺；至於西邊的西寺（右寺、右大寺），後來湮沒在歷史長河之中。羅城門是平安京的門面，東寺位於此，自然可知其地位之重要。

羅城門在台灣也頗具知名度。九八〇年，在暴風雨中倒壞的羅城門，即是後世著名小說家芥川龍之介的小說

《羅生門》的舞台，因爲此一小說的問世，也重新喚起人們對羅城門【註二】的記憶。

不過，使羅生門成爲我們生活用語的是日本國際著名導演黑澤明所曾導過的《羅生門》一片（其實是改自芥川的《竹籔中》）。由於劇情中的犯人到底是誰難以猜測也沒有解答，後來「羅生門」一詞乃成爲比喻對同一件事有不同說法的代語。

東寺不像西寺消失於地圖之中而歷經千年不衰，最重要的原因要歸功於日本人稱爲弘法大師的空海，他不僅對東寺，甚至對日本文化的貢獻之大，倒是從來都眾口一致，未曾上演過羅生門。

## 最早受習眞言教學的日本人

原本桓武天皇雖有建東、西寺之心，但寺院的營造很不順利，所以大概一直到約三十年後，空海大師得到嵯峨天皇的崇信，敕賜該寺，東寺才眞正成爲知名的寺院。

空海在七九三年出家，後在夢中感《大日經》。但得經之後，無法解悟，於是決定赴唐朝留學，同船者尚有傳法大師最澄。他隨遣唐使在福州登岸，卻因沒有國書無法入京，大使乃托他寫書信兩封，由於文采動人，不久就獲准進入長安。

他在歷訪長安諸大德後，來到長安西南約四公里處的青龍寺。此寺雖毀於北宋元祐元年（一〇八六年）而不復爲人所記憶，但在唐代卻是密宗的根本道場。空海到這裡是爲拜不空三藏（七〇五～七七四年）的嫡傳弟子、密教付法第七祖、三朝國師惠果和尚（七四六～八〇五年）爲師，學

習眞言密教。惠果和尙是當時國際著名高僧，座下弟子包括新羅僧惠日、悟眞等各國入唐求法僧。

空海在惠果和尙座下精進不已，和尙也傾囊相授，才數月他就受傳法阿闍梨位灌頂，密號遍照金剛，成爲最早受習眞言教學的日本人。不久惠果示寂，在惠果海內外眾多弟子之中，空海的文采不僅在日僧裡是個中翹楚，即使把他放在唐人僧俗之間也毫不遜色。於是空海被選爲碑文的撰寫人，文中「波濤萬萬，雲山幾千也。來非我力，歸非我志；招我以鉤，引我以索」的句子，道盡師徒相契之情及對上師感恩之深。唐順宗看到碑文，也對空海的文筆甚爲讚歎！

八〇六年，空海到越州收集內外經典，八月由明州出發回日，離他從八〇四年到唐，雖然時間不長，成果卻極爲豐碩。八一六年，日本天皇敕賜高野山之地以建寺宇；八一九年，寺院落成，號金剛峰寺；八二三年正月，更受賜東寺，於是東寺和高野山同成爲永久的密教道場，後人稱他所傳的密教爲「東密」。

空海不但深入佛教經藏，也熟習外典。十八歲時，入日本京城的大學明經科，主要習儒學書籍，二十四歲即用辭藻華麗的四六駢儷體漢文寫就《聾瞽指歸》（後易名爲《三教指歸》），比較儒釋道的優劣異同。他的著作，不但在日本，經常也是中國學

東寺為真言宗道場，圖為境內的「佛頂尊勝陀羅尼碑」。（陳建廷 攝）

術界的重要著述，例如《文鏡祕府論》是參考多位唐代名家詩論，闡明漢詩文的著作，也是日本第一部文藝理論和文藝批評的著述，更由於所引書籍在中土多已散佚，故爲國際漢學界所重；《篆隸萬像名義》是日本第一部關於漢字的辭典。

空海大師在回國後，數年之間就擁有這兩座宏偉的根本道場，或許有人以爲他將滿足地在這兩個道場弘法，不忍須臾離去吧！事實相反，他是一個佛法精神的實踐者，他發現和繁華的都城相較，鄉間有更多貧困、無緣接觸佛法的民眾有待救拔，認爲有必要在各地鄉間建立佛寺，作爲救濟民眾的根據地；就這樣，他像佛陀時代的僧侶們一樣開始行腳布教，行腳地區選擇在他的出生地四國，總共開創了八十八個修行靈場。

八二一年，他更回故鄉讚岐國（今香川縣）修建滿濃池。這項水利工程原本由他人督建，卻因工程困難，遲遲不得進展；但從他被任命爲修築別當後，只花了三個月即修建完成。從此周遭農田得以灌溉，造福無數百姓，父老都十分感念他的功績。至今，香川縣仍以能出這樣一位大師爲傲，該縣的旅遊海報也經常以弘法大師像爲主題。

空海也是日本第一所私立庶民學校的創辦人，藤原氏後裔藤原冬嗣是他的信眾，後來進而將他在東寺東鄰的「陶化坊」獻給大師，空海便利用此地在八二八年開辦「綜藝種智院」。原本在平安初期，由於有嚴格的身分限制，普通庶民子弟無緣接觸教育，但空海想起在唐朝：「大唐城，坊坊置閭塾，普教童稚；縣縣開鄉學，廣

## 五筆和尚

空海也是著名的書法家，人稱「書聖」，擅長多種字體，尤擅草書，而有「草聖」之稱。另，草書合篆、隸、楷、行等五種字體，他也都很在行，所以還有「五筆和尚」之稱。他和嵯峨天皇並稱為日本書法的二聖，若再加上曾赴唐留學的橘逸勢，則稱為書法「三筆」。空海的書法作品影響至今，宗法者稱為「大師流」。此外，中土的筆墨製造技術，也是由他帶回日本。正如惠果所說：「真嚴密藏之經疏為隱密之物，不藉圖畫不能相傳。」因此，空海所傳真言宗很重視佛像和佛畫，也為日本美術開創了新的境界。

導青矜」，而且佛教提倡眾生平等、人人皆有佛性，於是決定設立此免費供應師生生活的學校以「普濟童蒙」，不論貴賤貧富都能接受教育。

## 寺院建築與寺寶

當時通曉土木工程的空海大師雖然諸事纏身，仍仿青龍寺的堂舍結構，積極督造完成了東寺的講堂、五重塔及其他諸堂宇的設計和施工，奠定該寺的規模。

幾經人間戰火，到了桃山時代，東寺受到豐臣秀吉的保護，秀吉之子秀賴重建了金堂和南大門；江戶時代，第三代將軍德川家光又重建了五重塔和灌頂院，東寺進入了長達二百餘年的平穩發展時期。今天所見東寺的主要建築，都是此一時期留存下來的；其中，較爲重要的建築除了五重塔外，尚有金堂、講堂、灌頂院、御影堂等。

金堂（國寶）是東寺的本堂，據傳延曆十五年（七九六年）初建，現存建築是一六○三年在原有的基礎上重建的，整個建築將和式、唐式、天竺式巧妙融合在一起，是桃山時期（一五七三～一六○三年）代表性建築。正面的屋簷下部呈上揚狀，有奈良時代的風格，這種建築風格還見於平等院鳳凰堂和宮島的嚴島神社（兩者俱爲「世界文化遺產」）。金堂內由巨大的堂柱支撐起高闊的空間，本尊藥師如來和侍立兩側的日光、月光二菩薩都是桃山時期重要文化財。

講堂的布置根據弘法大師的構想，安置了由二十一尊聖像共同組成的立體曼陀羅，此二十一尊聖像中有十五尊爲國寶、五尊爲重文，足見這講堂中陳列文物的重要性。在講堂中央，是以大日如來爲中心的五如來，東邊是表示慈悲的五菩薩，西邊是怒目圓睜的五大明王，佛壇兩側和堂內四隅更配置了護持佛法的梵天、帝釋天及四大天王。這種布置在台灣很少見，其中五大明王像中的不動明王在日本是常見的佛教雕像，佛教文物展中經常出現不動明王，甚至會有專以「不動明王」爲主題的展覽。

此外，東寺除置於講堂這一組四大天王外，另有一尊獨立四大天王之一的兜跋毘沙門天立像（國寶）。相傳唐安西城爲敵所襲時，城北門曾出現此天王，所以後來城的樓門常置毘沙門以備敵。而東寺此一天王立像，是造平安京時，特地從唐帶回日本，置於羅城門上，後來才收藏在東寺的。

不動明王現忿怒相，並領眾多使者，常晝夜擁護行者；又能入火生三昧，摧滅罪障，焚燒穢垢。因祂的菩提心寂定不動，所以又稱不動尊。東寺的不動明王像（國寶）是日本最初出現的造像，其珍貴可見一斑。今日台灣雖少見不動明王像，但在日治時期不動明王的信仰也曾傳入台灣，像農禪寺所在的北投地區的幽雅路小巷內，有一處「不動明王石窟」的市定古蹟，即是當年日人所遺留下來。

灌頂院（重文）是弘法大師所設計監造，一六三四年由第三代將軍德川家光在原址重建。灌頂院是舉行密教傳承重要儀式——傳法灌頂的專門場所。現在，眞言宗最大的法會——後七日御修會，就在此院舉行。

御影堂（國寶）原是空海住處，所以也稱大師堂；因曾安置大師親刻、名爲「念持佛」的不動明王像，又稱不動堂；一三九〇年重建後，堂中安置了大師坐像，因此也稱御影堂。此一建築是平安時期典型的寢殿造【註二】樣式，軒椽較低，周圍設有扶欄，屋頂斜面平緩並以檜皮葺頂，具有這種建築樣式的寺院很少。尤其安置本尊的殿堂屋頂是雙重結構，外層內側有特製的防水內層，當外層屋頂有毀損時，內層可起保護作用，頗具巧思。

除了大師坐像，御影堂中的另外一尊不動明王像（國寶），自古就被認爲極具靈驗。二次世界大戰後，東寺將伽藍和所藏寺寶全部對大眾開放，但此尊不在開放之列，即使東寺的僧侶也不能時常瞻禮。

除以上介紹的四處殿堂外，東寺被指定爲日本國寶、重文者，還有南大門、東大門、北大門、北總門、慶賀門、蓮花門等。

建築風格融合了唐式、和式、天竺式的東寺金堂，是桃山時期的代表性建築。（陳建廷 攝）

空海對日本文化上的貢獻鉅大，後來逐漸形成對弘法大師的崇拜。空海在四國所建靈場，後來形成巡禮八十八所靈場的風氣，至今不衰。

## 以弘法大師爲中心的道場

同樣地，隨著佛教擴展到一般百姓，東寺也逐漸以從事加持祈福的官寺，轉而成爲以信仰弘法大師爲中心的道場。這一風氣，可由一二三三年佛師（雕像師）康勝在雕造現存第一尊弘法大師坐像時的恭敬態度，看出一些端倪。據說虔誠的康勝在雕刻時「一刀三禮佛」，即邊吟「南無大師遍照金剛」邊雕刻像，此即現存東寺御影堂中的弘法大師坐像（國寶）。

此外，每月的二十一日在東寺空地聚集的上百攤位所形成的露天市場，稱爲「弘法市」，販售古書、骨董、

於鎌倉時代建立的北大門，也是東寺的重要文化財之一。（陳建廷 攝）

陶器、佛器等包羅萬象的東西。據說此市的形成是東寺因戰亂而毀，附近百姓爲集資復興而賣茶形成的，如今被稱爲弘法市，也是爲了紀念空海。正因民眾無法忘懷空海大師，一九九五年，東寺隆重舉行紀念開山一千二百周年大法會，空海大師的事蹟再度被日本各種媒體炒熱。

即使在台灣也有日本人對空海崇拜的遺跡，最著名的就是位於台北市成都路的天后宮。它是日治時期弘法寺遺址，一九五〇年才變爲天后宮，但其院內仍保有一尊弘法大師像，站在水泥巨筒上。

今天空海所創的眞言宗，末寺有一萬二千餘座，是日本甚有影響力的佛教宗派。一九五八年，日本眞言宗十八座總本山、大本山聯合成立「眞言宗各派總大本山會」（簡稱「各山會」），各山會於一九八四年和「日中友好眞言宗協會」共同出資，在大陸西安原青龍寺舊地建立了惠果空海紀念堂，相信惠果和空海大師之間的師徒佳話，必能代代流傳。

註1 平城京奈良也有羅城門，但芥川氏的小說所指者為平安京的羅城門。

註2 寢殿造為平安時代遺族住宅的形式，中央建有面南的寢殿，其左右背後設對屋。寢殿和對屋間以廊聯絡，南庭建池，池中築島，臨池設釣殿，邸之四方設築垣，南庭和門之間設中門供出入之用。

東寺 南區九條町 電話：075-691-3325
官方網站：http://www.touji-ennichi.com/index.htm

淨土眞宗二伽藍

# 東、西本願寺

走入京都車站，踏上手扶梯到樓頂，京都景色盡收眼底。這時，大概所有遊客第一個注意到的是眼前的巍峨伽藍——東本願寺；視線往西，又有另一座佔地遼闊的寺宇，而這就是西本願寺。據說這兩座寺院是京都參拜者最多的佛寺，也是日本本土產生的宗派。

西元一九九七年，規模浩大、令人望而興歎的新一代京都車站建成。這座到處是玻璃和鋼架的建築物，隨時映照著天光雲影，高達十四層樓的「大階段廣場」（日語「階段」即樓梯之意）直通屋頂，有著羅馬競技場觀眾席的恢宏氣勢。

不管踏上手扶梯或尋大階段而上，只要一到樓頂，京都景色盡收眼底。這時，大概所有遊客第一個注意到的是眼前的巍峨伽藍——東本願寺；視線往西，又有另一座佔地遼闊的寺宇，而這就是西本願寺，兩寺分屬日本本土產生的宗派——淨土眞宗的兩派。

## 親鸞上人所開的新宗派

由於眞宗非漢地宗派，所以必須對眞宗稍作解釋。開創淨土眞宗的親鸞聖人（一一七三～一二六二年）在二

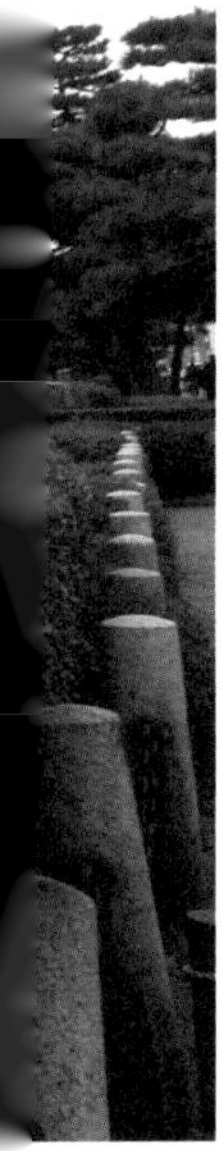

東、西本願寺均有高牆圍繞，圖為東本願寺的高牆，外有類似護城河的水路。（陳建廷 攝）

十九歲之前，曾在延曆寺嚴格修行；後來在京都六角堂【註二】得聖德太子的示現，而入吉水法然（一一三三～一二一二年）門下。

法然上人是開創日本淨土宗的祖師，但一二〇七年朝廷禁止專修念佛，法然更被流配到四國的讚岐（今香川縣）。當時三十五歲的親鸞則流配越後（今新潟縣）的國府，他被剝僧籍而帶妻修行，朝廷並給了他一個「藤井善信」的俗名。他自認非僧非俗，又首開日僧娶妻食肉之風，乃自號「愚禿」。

四年後，法然、親鸞遇赦，法然回京都後第二年即往生。失去師父的親鸞也就沒回到京都，在越後度過將近六年。一二一四年，他和妻子惠信尼到常陸國（今茨城縣），在那裡待了近二十年的時間，並在附近各地弘通念佛，這中間寫下眞宗名著《教行信證》（今存坂東本六冊，藏於東本願寺，國寶）。

由於被流放期間和後來弘通的地域除了農民，還接觸了不少武士、商人和獵人。從這些人當中，親鸞發現生活對於他們而言，經常就是爲了利欲而不斷殺生、欺騙。這些煩惱不絕的人們，不才是眞正需要被拯救的嗎？這也使得親鸞對佛教的教義重新作了反省：不能拯救「惡人」的教理，是佛教的本懷嗎？於是，他開始宣揚絕對他力的往生思想——「惡人正機」之說，這一嶄新思想，給爲了生活而總是陷在無窮煩惱的武士、商人、獵人身分的信眾無比的信心。

法然淨土宗與親鸞眞宗的基本殊異，是前者仍有他力之中的自力痕跡，許有助業、念佛等方法；後者則

東本願寺御影堂內陣安置親鸞像，到處貼著金箔，給人一種輝煌奪目的印象。（本社資料）

貫徹淨土法門的他力本義，他力之中已無自力、他力的分別，是絕對他力本願信仰。基於此一信仰，親鸞更進一步倡導「惡人正機」之說，他認為世人常說：「惡人尚且得以往生，何況善人？」看似符合道理，其實違背本願他力意趣。因為自力作善者，可能是因缺乏他力唯賴的信心，而這並非彌陀本願。

娑婆眾生因煩惱具足，任何修行皆難脫離生死，彌陀憐而立誓（主要指彌陀四十八願的第十八願），本意實為惡人成佛，所以相信他力的惡人，才是往生正因。親鸞因而把世人的話改為「善人尚且得以往生，何況惡人」。親鸞這句話當然不是鼓勵故意作惡，而是意謂一心深信彌陀本願的眾生，就算可能積下無數罪業，擺脫、解消罪業的自力不足，但因信心存在而有了追求宗教勝義善的內在精神，便不會存心去犯罪作惡。親鸞晚年聽到他的兒子慈信房（善鸞）在關東弘法時，由於曲解他的念佛原義而導出「造惡無礙」的邪說謬論，使他痛心地和善鸞斷絕父子關係【註二】。

上：東本願寺常見成群鴿子漫步飛翔，給人一種祥和的氣息。（陳建廷 攝）
下：由女性信徒奉獻的頭髮做成的毛綱，為東本願寺初建時拖拉木柱之用。（陳建廷 攝）

親鸞在一二六一年圓寂於京都，生前遺言希望將他的遺體丟到京都的賀茂河作爲魚飼料。但是弟子們不忍，在東山大谷之地做了簡素墓所；後來又在他墓所的北邊，建了吉水廟堂安置他的影像。親鸞曾孫曾改廟堂爲「本願寺」，但後來衰微；直到第八世蓮如（一四一五～一四九九年）時，才在山科重建本願寺；後來山科本願寺又燒毀，於是移到大阪石山。

石山本願寺到了第十一世顯如（一五四三～一五九二年）時，已極爲興盛，當時的外國傳教士甚至說「日本的財富有一半在本願寺」。但素有雄心想統一日本的織田信長，爲了將諸大名（相當於「諸侯」）和寺社勢力納入其支配之下，一五七〇年開始和石山本願寺展開長達十一年的大戰。其間信長討燒了比叡山，並在攻擊伊勢長島的「一向一揆」【註三】一役中，燒殺了兩萬以上的眞宗門徒。本願寺雖持續抵抗，最後第十一世門主顯如仍和信長達成和議。但顯如長子教如對信長並不信任，主張徹底抗戰，並爲此和顯如恩斷義絕。只是抵抗未能成功，他只得親自火燒本願寺，寺院燒了兩天兩夜而灰飛煙滅。

不久，織田信長死於本能寺之變，天下由其後繼者豐臣秀吉取代。秀吉在石山本願寺原址築大阪城，爲了表達對本願寺的善意，便獻了現在的京都七條堀川的廣大地方，作爲重建本願寺的土地。第二年顯如歿，教如本應繼承爲本願寺第十二代，但因顯如後室如春尼和秀吉的意向，而由弟弟准如成爲後繼者，教如被秀吉命令隱居。

秀吉歿後，日本權力落入德川家。

德川家康在一六〇二年捐獻京都六條烏丸的寺地給教如建寺，此寺即東本願寺的開始；自此本願寺分立爲東、西，據說這是因爲家康怕本願寺勢力過於強大而刻意這麼做。第二年，教如建立阿彌陀堂，接著建立御影堂，並在此安置從廄橋（今群馬縣前橋市）迎來親鸞聖人自刻雕像。

## 歎爲觀止的東本願寺堂宇

今天在平常的日子裡到東本願寺，一穿過高達二十八公尺的豪壯御影堂門，就可看見成群鴿子在御影堂和阿彌陀堂前飛翔、漫步，給人一種祥和的氣息。但這給人平和、安詳的兩堂，可是花了前人極大心思才建成的。原來御影堂、阿彌陀堂在江戶時代，總共遇到四次火災，現在的建物是明治時期集全日本門徒之力，花了十六年（一八八〇～一八九五年）的時間才重建完成，參與人數超過二百萬。至今，東本願寺門前仍留有各府縣地名的旅館，即爲當時信眾從全國前來參與興建時，停留的地方。

當時由於興建過程不順利，熱心的女性信徒便獻上頭髮做成「毛綱」，以做爲拖拉木柱所需的繩子而傳爲美談。毛綱是頭髮和麻合編成的粗繩，據說非常具韌性，當時總共編成了五十三條，最大的長一一〇公尺、直徑十三公分，重約一噸。

一八九五年完成的新御影堂和奈良東大寺金堂，都宣稱是世界最大的建築物。這座御影堂南北七十六公尺、東西五十八公尺、高三十八公尺，內外陣合起來有近千疊的面積。

阿彌陀堂則規模南北五十二公尺、東西四十七公尺、高二十九公尺，是

### 爲何阿彌陀堂比御影堂小？

這是因為日本人也是慎終追遠的民族，本願寺源於安置宗祖親鸞聖人影像的廟堂而來，所以御影堂比阿彌陀堂大。也因此，在緬懷故人的盂蘭盆時節，東本願寺派會舉行「東大谷萬燈會」，從西曆八月十四日至十六日為止，點亮的大大小小獻燈約有一萬盞。這個活動和十六日夜晚的「大文字五山送火」，同時映照夏夜的天空，給人幽玄之美感，也同是京都盂蘭盆時期的風物詩。

「禪宗樣」建築，堂內側的內陣莊嚴以金色，表現了淨土的空間；中央則安置本尊阿彌陀如來立像，兩側有聖德太子像和眞宗相承祖師所敬仰的龍樹、曇鸞、法然上人等印度、中土、日本七高僧的御影。

東本願寺另一可觀之處，在廣約一萬坪的涉成園，是一座傳承著江戶時代瀟灑意匠的庭園，處處洋溢著四季蒔花的雅趣，地點在由御影堂門向東約三分鐘路程的地方。涉成園之名，源自陶淵明的〈歸去來辭〉中的句子：「園日涉以成趣」，是歷代門首的隱居所。京都市街之中有如此廣大的美麗空間，令人羨慕！園中引高瀨川之水，學詩仙堂的文人石川丈山的趣向而作庭，東南有印月池，隔著草板西側有樓門、佛堂、書院、茶室等；印月池並可乘舟至建於池中小島

日本寺院及橋樑的欄杆柱子的柱頭，常雕成桃子形狀並稱為「擬寶珠」。在台灣，台中公園的木橋，也可看到這種造形的欄杆柱子。（陳建廷 攝）

的茶室飲茶，其風雅之趣可以想見，是日本國指定名勝。

## 世界文化遺產西本願寺

東、西本願寺因是同源，所以兩寺的主要建築——御影堂和阿彌陀堂，看起來幾乎相同，連非京都出身的日本人都會搞混。幕末時，西本願寺支持薩摩、長州推翻幕府的一邊，而東本願寺則支持江戶幕府，薩、長來的上京志士，因對地理不熟而跑到東本願寺自投羅網的也時有所聞。也因此，明治維新後，東本願寺就被明治政府所覬覦。爲了表示恭順，東本願寺不得已，便積極開拓才正式納入日本版圖不久的北海道。所以，至今北海道有很多東本願寺的門徒。

其實，分別兩寺有一個最簡便的方法，就是西本願寺的柱子是方形，而東本願寺的柱子是圓柱。東本願寺的建築雖較西本願寺宏偉，但因西本願寺的歷史較爲悠久，一九九四年成爲聯合國教科文組織的「世界文化遺產」。

西本願寺確實擁有許多文化遺產，最重要的堂宇自然也是御影堂（重文），是一六三六年營建，南北六十二公尺、東西四十八公尺、高二十九公尺，由二百二十七根柱子支撐，室內面積達七百三十四疊的巨大伽藍，大法會時可容納三千人。其次，阿彌陀堂（重文）建於一七六〇年，本尊是阿彌陀佛立像，內陣高起一階，外陣則可坐一千五百人。

由於兩堂面積龐大，連打掃都是浩大的工程，因此每年十二月二十日舉行的「煤拂」，成爲電視報導的固定節目，是京都歲末的風物詩。當天參

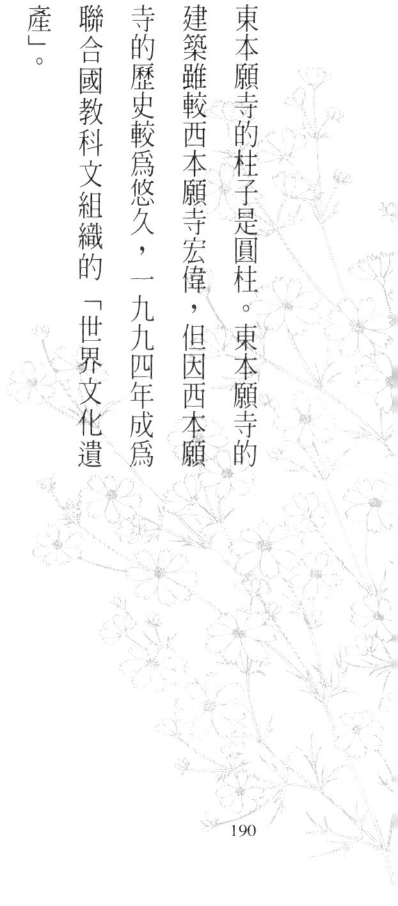

東、西本願寺都有御影堂、阿彌陀堂。西本願寺面對正門右（北）為阿彌陀堂，左（南）為御影堂，東本願寺則配置剛好相反。（陳建廷 攝）

加煤拂的男女老少，人人包著頭巾、戴著口罩，手持竹條一齊敲打榻榻米，將一年所落下的塵埃打出來，同時有專人用直徑近二公尺的圓扇將打出來的塵埃搧出堂外；此一例行大掃除，據說已有四百年以上的歷史。

連打掃都不易，維修就更不用說。西本願寺的御影堂在一六三六年重建後，第一次整修花了十年的時間，在一八一〇完成；二〇〇二年又再一次整修，號稱「平成大修復」，同樣準備花十年的工夫。從這一點，可看出日本人對古蹟維修的愼重。二〇〇二年一月中旬，從地板上找到了四個木製「礎盤」【註四】，因爲上次大整修時，原本木製的礎盤換成石製，而這四個即是原本的舊礎盤。那深陷的木製礎盤，立刻讓人感受到龐大的御影堂屋頂是如何的沉重！而且，當時的

▲木鼻一般置於肘木、虹樑等水平材的尾端。東、西本願寺後拜柱兩側突出的木鼻都刻象鼻，別具特色。圖為西本願寺的象鼻形木鼻。（陳建廷 攝）

人們爲了傳達木製礎盤的狀況於後世，便有意識地將它作爲時間膠囊（time capsule）般置在地板之下，如今重新面世，果然令人對雄大的御影堂更加讚歎！

兩堂之外，西本願寺還有許多古蹟，包括飛雲閣、書院等。飛雲閣（國寶，桃山時代）在西本願寺東南隅，和金閣、銀閣合稱京都三名閣。相傳是由豐臣秀吉的宅邸「聚樂第」移築而來的三層樓閣建築，可惜平日不公開。

西本願寺的書院多建於日本的寬永年間（一六二四～一六四三年），南邊有人稱「鴻之間」的對面所（國寶），西鄰雁之間、菊之間（兩者皆爲國寶）等，北有白書院（國寶），對面所和白書院原本是獨立的建築物，後來結合成一體，這些建築全都是書院造的代表作。對面所裡有「大廣間」，高度低一級的下段面積達一百六十二疊；上段四周有「商山四皓圖」和「西王母圖」等取材自中土故事的金色多彩華麗障壁畫【註五】。和對面所相向的是特別名勝「虎溪之庭」，這個庭園是桃山時代樣式的枯山水，據說意在表現廬山的虎溪之谷。不過，虎溪之庭、書院對面所雖美，均須事先申請方能參觀。

白書院南北兩側尚擁有北能舞台（國寶）、南能舞台（重文），其中白書院前的北能舞台是日本最早的能劇舞台。不過，此舞台現在幾已不演能劇，南能舞台則至今仍上演能劇。北能舞台東北方的黑書院（國寶）是歷代門主處理寺務的地方。

除了東、西本願寺，位於東大路五條的大谷本廟，一般稱爲西大谷，是

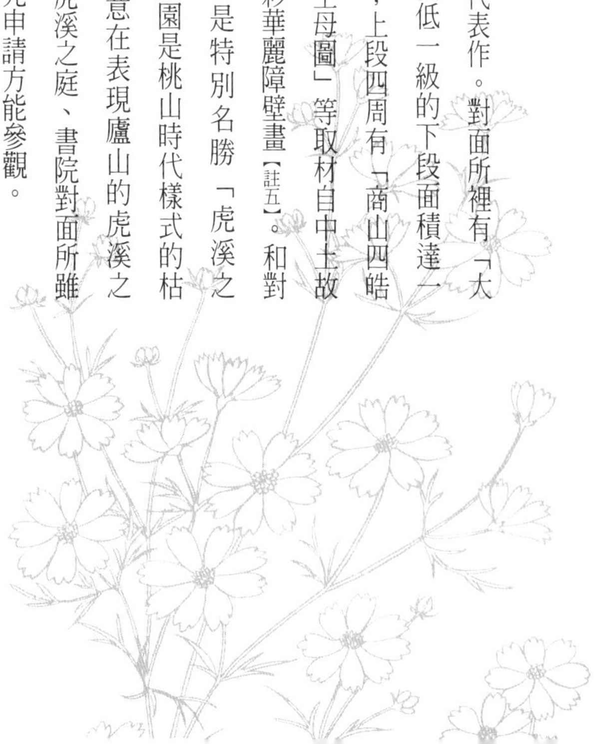

西本願寺派所認爲的親鸞聖人的御廟聖地。入門之前，須橫跨在皎月池上的雙孔石拱橋「圓通橋」，此橋建於一八五六年，因有雙孔，也被稱爲「眼鏡橋」。其實，日本最早的眼鏡橋建於一六三四年，位在長崎，至今仍存。建長崎眼鏡橋的是當地興福寺的漢僧默子如定（一五九七～一六五七年），此橋建後也使拱橋技術傳入日本，圓通橋即仿自長崎眼鏡橋。由於福田思想影響，古代僧侶之中出現不少造橋人才，這又是一例。

## 重視學術研究

明治初年除了行王政復古，且雷厲風行地實行廢佛毀釋政策。東、西本願寺爲因應這個危機，東本願寺派遣了現如法主、西本願寺則派出島地默雷及赤松連城等人遊學歐美，使日本佛教因學術的交流而解除了存續危機。從此，各宗爭相設立學校、培養人才，後來西本願寺設立龍谷大學，東本願寺則有大谷大學。

當時派遣至歐洲及印度留學考察的優秀學者，在與歐亞各國交流之後，不但使日本佛教界的視野大開，更因而開啓研究調查的大門。其中和漢傳佛教最具關係的，當屬西本願寺第二十二代門主大谷光瑞所組成的西域探險隊。他從一九〇二年開始，總共作

圖為東本願寺「金具」。日式建築多木造建物，故常在其上鑲上稱為「金具」的金屬裝飾物，以保護建材，通常鑲在角端。（陳建廷 攝）

了三次在中亞的探險，至今（二〇〇二年）剛好一百周年。三次探險察訪了佛教東漸之跡，尤其在敦煌等古代西域地方收集了大量資料，這些資料後來都收藏於龍谷大學圖書館，可說是珍貴的寶藏。

東、西本願寺也曾在一八九八年在台南和台北設立學校，是台灣首次有佛教學校設立。所以，熟悉台灣佛教歷史發展的人也知道東、西本願寺不只在日本，事實上對台灣佛教的發展也曾有不小的影響力。瞭解這點，當我們參訪東、西本願寺時，也許會覺得更有意義。

註1 ■ 全名紫雲山頂法寺，本堂為六角形，故稱六角堂。其本坊號「池坊」，從室町中期開始，插花的名人輩出，可說是「花道」界池坊流的發源地。

註2 ■ 參見《歎異抄》及傅偉勳《大小兼受戒、單受菩薩戒與無戒之戒——中日佛教戒律觀的評較考察》。

註3 ■ 一向為淨土真宗別名，一揆為起義，親鸞將發願往生者都視為「同朋」，也使此派特別有凝聚力。

註4 ■ 礎盤是柱和礎石間所挾的建材，木製或石製都有，具有裝飾寺院入口的目的，木製礎盤且有調節柱子長度不一的功能。

註5 ■ 廣義而言，和「障屏畫」同意。指日式建築中，畫於障子、屏風、活動壁或屏障上的繪畫總稱，有別於卷軸畫和壁畫，例如襖繪、屏風繪、杉戶繪等。襖，指日式房間內紙糊的拉門。

東本願寺 下京區烏丸通七條向北 電話：075-371-9181 官方網站：http://www.tomo-net.or.jp/
西本願寺 下京區堀川通花屋町向南 電話：075-371-5181 官方網站：http://www.hongwanji.or.jp/index.html

# 洛南

東福寺　萬福寺
平等院　醍醐寺

（王常怡 攝）

通天紅葉聲名播

# 東福寺

十一月下旬開始，是日本楓樹轉紅的季節。
東福寺是日本賞楓的著名景點，
尤其「通天之紅葉」一語，享譽日本。
每到賞楓時節，通天橋上萬頭鑽動，得大排長龍才有一覽美景的機會。

通天橋是東福寺佛殿到開山堂間的溪谷——洗玉澗上的細長橋廊，據說是日本聖一國師（西元一二〇二～一二八〇年）模仿南宋徑山寺的橋而建；後來其他禪師又加以修造，架上長廊，便成爲今日模樣。日本橋廊雖有比通天橋更早的，但今都不存，唯通天橋聲名遠播。

洗玉澗一帶繁茂的紅葉，俗稱「通天之紅葉」，葉子三分，血紅中又透出金黃是其特徵，這樹相傳是從宋國帶回日本的，而帶回楓樹的人正是建通天橋的聖一國師。

## 五山文學的重鎮之一

聖一國師是東福寺的開山，屬臨濟宗僧侶，初名辨圓，南宋理宗端平二年（一二三五年），三十四歲時入宋。辨圓禪師師事徑山無準師範（一一七七～一二四九年），無準師範禪

東福寺的橋廊通天橋，每到秋天樹葉轉紅時，遊人如織。（徐金財 攝）

師是南宋高僧，紹定六年（一二三三年）宋理宗還曾召他演說禪要，並賜「佛鑑圓照禪師」號。

辨圓在南宋停留六年之後，回到日本，從宋朝帶回內外典千餘卷，對振興日本文教多所貢獻，帶回的宋代書法、書籍，不少至今仍保藏完好。其中，無準師範禪師的頂像，還成爲日本國寶。頂像在禪宗是指祖師、先德的肖像畫，多半是半身像，坐在曲彔【註二】上的全身像是少數。

辨圓回日本後，道俗皈依者甚眾。到了京都，更是出入宮中，在公卿之間宣揚禪風。他圓寂後，日本天皇敕諡爲「聖一國師」，是日本最早受封國師之號者。

臨濟禪在聖一國師後逐漸發展，鎌倉末期，更制定了仿自南宋的「五山十剎」制度。東福寺經常列五山之中，且五山下的十剎，第六位是東福寺下的普門寺；十剎下的諸山，東福寺塔頭三聖寺也列名其中，足見東福寺的重要。

室町時代（一三九二～一五七三年）的日本，禪宗興盛，在豐沛經濟力及宋明禪林文藝的雙重影響下，成爲「五山文學」的全盛期。所謂「五山文學」，是日本文藝的派名，自從宋僧一山一寧在鎌倉時代末期的一二九九年赴日後，開始興盛起來。不管是漢地名僧赴日，或者日本學問僧入宋的情形都極爲普遍，這一時期文化交流的結晶——「五山文化」，即成爲當代文化的代表。

具體而言，五山文學的特色，在漢詩方面，由推崇白樂天而改崇蘇東坡、黃山谷；文體也由駢麗而轉尊韓愈、柳宗元的古文。此外，還有宋學

## 頂像

頂像是在漢地才開始有的，人物多是寫實筆法，所以這類圖像較文字學說更能直接傳達被繪者的全人格。有的頂像更有被繪者的自作讚詞，作為付法信物而傳予弟子。一二三七年，辨圓從無準禪師處獲得〈法語〉一篇，因此在第二年繪無準禪師的頂像，作為付法信物。這幅頂像帶回日本後，成為日本頂像製作的範本，對日本肖像畫界有極大的影響。佛教對肖像還另有一個稱呼叫「寫真」，今天日本稱照片為寫真，台灣哈日族也跟著稱照片為寫真，殊不知寫真原是佛教用語。

與宋代的水墨畫等。又因禪僧應各地之請，遠離京都四處講經說法，所以奠定了江戶時代漢學勃興的基礎。

東福寺既列於五山之中，自是五山文學的重鎮之一。著名的例子如虎關師鍊禪師（一二七八～一三四六年），在元亨二年（一三二二年）著《元亨釋書》三十卷，以漢文記載佛教傳到日本，一直到鎌倉末期約七百年的高僧事蹟和佛教史實，至今仍爲佛教學者所珍視。師鍊將它上奉日本朝廷，請加之於《大藏經》，獲得朝廷允許。

又如東福寺畫僧吉山明兆（一三五二～一四三一年），畫藝精湛，人稱他畫龍則龍眞能一飛衝天，畫不動明王則明王火焰果眞燃燒。他的代表作品，是每年三月中旬涅槃會時公開的「大涅槃圖」（重文），長十五公尺、寬八公尺，是日本最大的紙畫作品，掛於東福寺本堂。

有關吉山明兆，還有一則令人感動的佳話：一般日本的賞楓之地，也是賞櫻之地，而東福寺卻是例外，只以賞楓著名。這是因爲當時的幕府將軍足利義持曾對明兆說：「不管你有何願望，都可對我直說無妨。」明兆回說：「我不奢望金錢，但東福寺的信眾若因爲愛櫻而在寺境內多植櫻木，恐怕後世東福寺會變成遊興之地，希望將軍能加以禁止。」義持聽了大爲感佩，乃禁止在東福寺植櫻，所以至今東福寺境內沒有櫻樹。

浙江臨安徑山寺是南宋時期禪宗五山之首，其建築被視爲中期禪宗寺院的範本，日本則稱爲「徑山寺制度」，至今保存有許多效法徑山寺的日本寺院，東福寺是其中之一。開山

東福寺方丈的南庭，是一枯山水式庭園，以沙紋象徵大海，以巨石表現蓬萊、瀛洲、壺梁、方丈四仙島。（袁美橋 攝）

辨圓禪師對寺廟的興建不遺餘力，曾重建因火災而衰微的建仁寺，並任重建大阪四天王寺幹事、東大寺大勸進職。因爲這些令人醒目的成績，引起當時攝政關白藤原道家的注意，決意請禪師擔任東福寺開山。

## 本堂用材取自台灣檜木

一二三六年，藤原曾夜夢祥瑞，於是發願要興建一所能與東大寺、興福寺比美的大伽藍。由於他的發願文中有「洪基亞於東大，盛業取自興福」之句，後來新建禪寺也就從東大寺、興福寺中各取一字而名爲東福寺。

辨圓禪師曾從宋朝請回「大宋諸山伽藍及器具等之圖」，詳細記載了宋五山建築器具圖，這對東福寺後來的營造相當有幫助。然而東福寺在建成後，卻隨著室町幕府的衰微，在「應仁之亂」爆發後大半燒毀，連《元亨釋書》的版木也毀於一旦（今僅存紙本墨書，存於京都國立博物館）；一直到一五八五年，豐臣秀吉供養寺領一千八百石後，伽藍才逐漸修復。

在整個江戶時代，東福寺一直保持著京都最大禪苑的面目，現在則是臨濟宗東福寺派的本山，全日本傳其法脈的末寺達到四百二十五寺。今天的建築物當中，建於室町時期的三門（國寶），是日本最古老的三門。至於本堂（佛殿兼法堂），因歷經多次火災，一九三四年才重建完成，是日本昭和時代所建的最大木造建築，用材則全部使用台灣阿里山的檜木。

記得聖嚴法師在二〇〇〇年八月，在聯合國總部發表的演講中曾說：過去宗教界因爲較少交流，造成不同宗教之間彼此誤解與隔閡，因此法師籲

東福寺的禪堂，是京都現有最大、也是日本現存唯一的中世禪堂。（陳建廷 攝）

請所有宗教領袖應即時展開對話。這讓人想到有關本堂的另一段佳話：原來本堂的柱子一部分是由日蓮宗的門徒所捐獻，因爲日蓮上人在受到其他宗派迫害時，辨圓禪師曾予以庇護，舊本堂的柱子，原本就是日蓮宗爲報恩而捐獻的。一九一七年開始重建時也學此先例，而由日蓮宗門徒捐獻。放眼世界，仍到處可見宗教衝突，這種宗派之間的尊重、保護與感恩圖報的佳話，格外令人動容！

此外，東福寺的禪堂（重文）是京都現有最大、也是日本現存唯一的中世禪堂。禪堂深爲禪宗所重視，又稱「選佛場」。選佛場之名的典故出自《景德傳燈錄》卷十四：丹霞原本是學儒學的，在快要應舉時，有一位禪客告訴他選官不如選佛。丹霞就問：「選佛當往何所？」禪客回答：「今江西馬大師出世，是選佛之場。」丹霞於是前去見他。禪宗的僧眾平時在禪堂坐禪辨道，以期達到證悟的境界，所以才有這個稱呼。

## 「東司」也是重文

對一般遊客而言，比較意外的可能是連東福寺的東司，都可以列爲重要文化財。東司其實就是廁所，禪宗則稱爲東司或東淨、雪隱等，因爲廁所是至穢的地方，應保持清潔，所以用淨、圊（清之意）來表達。僧侶所用的廁所

一般配置在東序，稱爲東司、東淨；至於廁所又稱「雪隱」的原因有多種說法，其中之一是說宋代名僧雪竇重顯（八三四～九〇五年）隱居靈隱寺時，因擔任淨頭（負責清理廁所）之職而成就道業，所以有此稱呼；雪是乾淨、隱是隱處之意，因此雪隱有淨潔、隱處之意。「雪隱」兩字原來僅在靈隱寺才用，後來才成爲各寺通用的語彙。據說禪宗大盛時，不僅日本，許多韓國大禪寺東司的規模也完全不輸東福寺。

東福寺的東司建於室町時代，位三門之西、僧堂之南，是禪宗寺院中，少數完整保留下來的廁所遺構，相當珍貴。在日本大正、昭和時期，東福寺附近的百姓，都稱這東司爲「百間便所」，足見其規模之大。它是長桁行【註二】七間、寬樑間四間的細長建

東福寺建於室町時期的三門，是日本最古老的三門。（陳建廷 攝）

築，中央是通路，左右兩側各埋有一列便壺，現在仍看得到一部分，是日本現存最古、最大的東司。

從前的禪僧生活，如廁、入浴也是修行的重要部分，因此對於使用東司、浴室也有明白的規定。例如東福寺的浴室，不但和妙心寺一樣是蒸氣浴室，而且是京都最古老的浴室建築，所以內部橫長木額上還刻著：「浴室：浴主守六次浴日，調澡浴之具，隨人多少，定番次更休亂，眾僧依番次赴，勿高聲語笑談論涎唾，凡後生敬耆宿，耆宿者哀後生，是則僧眾和合之謂也。……」（標點爲筆者自加）

到東福寺也可順便到塔頭龍吟庵一遊，因爲它的方丈建築是日本現存最古老的。

走在東福寺，彷彿回到中國南宋。每次漫步在東福寺，看到通天橋橋下的紅葉，聯想起臨濟宗祖師們在建寺過程中發下的悲願，雖然哲人已遠，一如紅葉終將凋零，不由得興起「落葉滿空山，何處尋行跡」【註三】的感慨！但想到所有的道場，往往都是高僧們一生心血的結晶，也就更加流連忘返了！

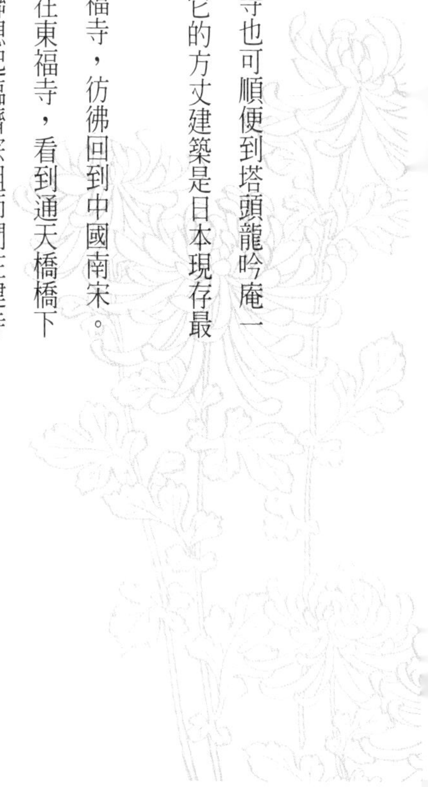

註1 佛事時，僧侶所坐的圓靠椅。

註2 桁行為桁木方向的長度，梁行為和梁平行方向的長度，間為柱和柱之間的距離單位。

註3 源出唐代韋應物（七三三～七九三年）之詩〈寄全椒山中道士〉：「今朝郡齋冷，忽念山中客。澗底束荊薪，歸來煮白石。欲持一瓢酒，遠慰風雨夕。落葉滿空山，何處尋行跡。」

東福寺 東山區本町 電話：075-561-0087
官方網站：http://www.tofukuji.jp/

法門龍象出宇治

# 萬福寺

根據《台灣府志》等書的記載，黃檗宗是最早傳入台灣的禪宗，也是日本禪宗三大宗派之一。

近代許多高僧大德到日本時，也經常會前往萬福寺參觀，例如聖嚴法師就曾於一九九二年八月在緊湊行程中，仍撥空至萬福寺訪問。

在日本，一提到京都府的宇治，除了讓人聯想到十圓日幣背後的圖案——平等院外，也很難不想到宇治的茶以及黃檗宗大本山萬福寺吧！

一看到掛有「第一義」橫匾的萬福寺總門，心中自然興起一股莫名的親切感，因爲萬福寺的總門和三門都漆成紅色，和日本一般寺院的原木色調很不一樣。

進入寺中會發現，整座寺院不只一面匾額而已，那些處處可見、氣勢磅礡的書法傑作，爲萬福寺增添了蓬勃生氣。這些書法多出於黃檗三筆，也就是隱元、木庵以及即非三位大師之手，至今日本許多地方都還保存了這三位大師的書法，並視爲珍藏之寶。

萬福寺的開山祖師爲隱元隆琦禪師（西元一五九二～一六七三年），他是

萬福寺戒律嚴格，故特立「不許葷酒入山門」碑。（王常怡 攝）

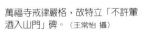

明代福州人，泰昌元年（一六二〇年）訪黃檗山，並在那裡出家。黃檗山位於福建福清縣西南十七公里處，以山多黃檗樹，故有此稱。崇禎十年，隱元禪師應請，補黃檗之席，大振祖風。

## 黃檗禪風影響深遠

清順治十一年（一六五四年），隱元禪師應日本唐僧逸然【註一】之邀赴日。因是一代高僧，隱元在廈門等船赴日期間，鄭成功的堂兄鄭彩和其他抗清諸將，前來拜見者，絡繹不絕！其中，鄭成功更主動供養許多銀兩。

後來，隱元搭乘鄭成功轄下的船隻，也就是所謂的「國姓爺船」從廈門出發，在七月五日晚抵長崎；次日早上，隱元禪師一行便由長崎三座唐人寺院的僧侶迎入興福寺，並即日開

▲掛有「第一義」橫匾的紅色總門，和日本一般寺院的原木色調很不一樣。（王常怡 攝）

堂演法，連長崎兩奉行（奉行乃日本官吏職稱）也到該寺聞法，僧俗男女群集禮拜供養者更是不計其數。

一六五八年，幕府將軍德川家綱邀請隱元禪師在江戶城（今東京皇居）見面；會面後的第二年，便傳來將軍決定把當時宇治郡的一大片土地賜給禪師的消息，禪師乃使僧獻上號稱「吳中四才子」【註二】之一的祝允明的書軸，以為答謝。

由於隱元禪師的言論思想，在日本流傳頗廣，後來後水尾法皇在隱元生前即贈他「大光普照國師」號，生前即贈國師號，在日本是特例；而他的語錄《普照國師語錄》，也被收錄於《大正藏》第八十二冊。隱元圓寂以後，萬福寺的住持仍由唐僧擔任，一直到一七四〇年，才改由日僧繼任住持。這是寺內特別具有明代佛寺特色的原因。

自從賜地後，數年之間新寺建成，仍名黃檗山萬福禪寺，以表示不忘舊；但一般人以福建萬福寺為古黃檗，日本萬福寺為新黃檗。一九二八年，福建古黃檗因山崩而僅存法堂，新黃檗則仍屹立不搖至今。

宇治建寺之後，隱元禪師拈唱祖道，舉揚黃檗禪風，和臨濟宗、曹洞宗鼎立為日本禪宗三大宗派之一。其實，黃檗宗乃臨濟宗楊岐派，只因宗風大異於原已在日本流傳的臨濟、曹洞兩宗，故稱黃檗宗。不過，當時雖有黃檗宗之名，一般人仍稱之為臨濟禪宗黃檗派，黃檗宗之稱是在明治七年（一八七四年）以後。

明代禪宗和前代已有不同，例如雲棲袾宏、紫柏眞可等名僧都提倡「禪淨合一」，隱元的禪法也有這種色

彩，所以黃檗禪法被稱爲「念佛禪」。新黃檗第四代住持獨湛禪師更被稱爲「念佛獨湛」，黃檗僧的公案也多是念佛公案，並站在「唯心淨土，己身彌陀」的立場，以念佛接化大眾。

黃檗宗的傳入，對日本的佛寺建築、佛像、佛畫、儒學、醫學、書法、篆刻、文學、唐話學（中國語學）等，都產生重大的影響。

黃檗本身更是傑出弟子輩出，不少對日本文化有重要影響，例如立志刻《大藏經》的日僧鐵眼道光（一六三〇～一六八二年），鑑於日本雖早已有天海版《大藏經》（又稱作寬永寺版等），但因發行部數極少，擁有者僅限於一些名山古刹。

所以，他在二十六歲參訪隱元禪師後，決定根據禪師帶來的萬曆本《大藏經》（即楞嚴寺版），在萬福寺塔頭寶藏院加以翻刻，歷十餘年，始竟其功。後人稱這部藏經爲《黃檗大藏經》（或《鐵眼藏》），萬曆本《大藏經》的字體因而傳至日本，大受歡迎，這也就是至今各種刊物主要的印刷字體——明體（日本人稱爲明朝）。

《黃檗大藏經》的版木共有四八二

▲圖為三門，「萬福寺」三字為開山祖師明末渡日漢僧隱元禪師所題。（王常怡 攝）

七五片，至今仍存放在寶藏院，被日本訂爲「重要文化財」而妥加保護。

## 建築物蘊藏隱元禪師悲願

走在萬福寺中，會發現建築採明代的規制，舉凡三門、天王殿、佛殿、法堂皆並列成一直線，成爲寺院的重心，左右另有諸堂排比一起。

萬福寺不像日本一般寺院到處鋪著碎石子，而是由四通八達的參道及迴廊來引導信眾遊客的參觀方向。不爲一般人所知的是，這背後其實意義深遠：原來隱元禪師期許在萬福寺出家的人都能成爲「法門龍象」。爲此，他將整個萬福寺的建築外觀，設計成巨龍蟠踞山頭的態勢；參道中間整齊鋪設的菱形石塊及兩側的長石條，象徵龍背與龍鱗；寺外的龍目井代表龍眼，井周邊的小河是龍口，而旁邊的松樹就是龍鬚。

至於那迂迴百折的簷廊頂棚，不設計成「入」字形，而是像從中剖開後的竹筒一樣，做成半圓筒形，象徵龍腹，所以又被稱爲「蛇腹天井」（日文「天井」指天花板）。萬福寺，一條巨龍蜿蜒蟠踞的蘭若。

萬福寺的大雄寶殿，是日本最大的麻栗木建築，殿中央四根特別粗的麻栗方柱和台灣還有一段鮮爲人知的因緣：原來當時統

▲日本人為了感謝筆的貢獻，會將舊筆集中送到寺中焚燒，然後掩埋於筆塚。（徐金財 攝）

治台灣的荷蘭人，打算把這些建材運到台灣築城，中途卻遇上颱風而漂流到長崎，後來由隱元的信徒及江戶幕府合力買下，並且捐出來建立此殿。

大雄寶殿內的雕像，也是萬福寺的特色之一。這批雕像主要是唐山來的雕刻師范道生的作品，因此有著濃厚的明末風格。例如，不少日本人看到那座大腹便便的彌勒菩薩（布袋和尚）時，往往會露出不可置信的表情：「這怎麼會是彌勒菩薩？」和日本多呈穠纖合度的彌勒菩薩形像，有著很大的認知差距。

寺中還有兩塊石碑，格外引人注意：一塊在亭子裡，是由一石龜馱負著，樣子很像台南赤嵌樓那排由石龜背負著的石碑，據說這和中國的民間信仰有關。《山海經》說：「蠵龜生深澤中」，注文說明蠵龜是一種大龜；而《嶺表錄異》則說：「人立背上，可負而行。」漢族認爲龜乃「四靈」之一，不但象徵吉祥長壽且能負重載遠。所不同的是，萬福寺還建了亭子將此碑加以保護，不像赤嵌樓的石龜得忍受風吹雨打。

另一塊石碑上只大大地刻著「筆塚」二字，原來日本人對寫壞的筆常不忍丟棄，爲了感謝筆對自己在學業及生活中的種種貢獻，他們會將舊筆集中，每年在一定的日子，送到寺中護摩（焚燒）供養，然後集中掩埋於筆塚。對於廢棄的筆也懷抱著這樣的感恩之心，實在讓人不得不感佩日本人心思的柔軟。

## 黃檗宗帶來的飲食革命

對於重視飲食，特別是吃素的台灣遊客而言，也許對萬福寺帶給日本的飲食文化影響會感到興趣：隱元禪師將西瓜、蓮藕、四季豆（日人稱爲「隱元豆」【註三】）等作物引進日本。此外，孟宗竹【註四】會在洛西、山城一帶大量種植，使該地成爲日本孟宗竹筍的重要產地，也是隱元禪師推廣之功。

又據說，愛迪生發明電燈泡時所用的燈蕊，就是利用這一帶的竹子；如果用的是孟宗竹，那麼可以說，隱元禪師也是爲人類帶來光明的功臣之一吧！這種異想天開的想法，不禁使參訪中的我笑了出來。

隱元禪師還引進了明末中國的精進料理（素食）——普茶料理。「普茶」一詞聽來陌生，卻是源於中國；「普茶」者，廣饗一般大眾以茶也。隱元禪師在二十三歲時，曾至普陀山禮觀世音菩薩，投潮音洞主座下任茶頭執事。或許因爲這個因緣，萬福寺的素食稱爲「普茶料理」，這種菜餚的特色之一，是用了大量的油脂、澱粉類。

「普茶料理」獨樹一格，遠近馳名，例如麻腐（胡麻豆腐）、雲片、豆腐羹等菜色無不令人食指大動。尤其麻腐，據寺中法師說是每天一大清早摸黑起來磨製的，所以吃起來特別感動！

吃飽後，喝杯茶吧！萬福寺也爲日本帶來飲茶革命，原來在隱元禪師之前，日本人習慣喝抹茶；但明代已流行煎茶，新黃檗內也是此一喝法。後來，因爲從萬福寺還俗的月海元昭作賣茶生意，自號「賣茶翁」，而將此一喝茶法傳播開來，才使煎茶普及日本。

另外，萬福寺用齋前，會敲佛門的

## 普茶料理

它的吃法，和日本人的飲食習慣不一樣。一般日本人在外吃飯都吃「定食」，也就是在每個人的大盤子裡，放幾碟一定量的食物；萬福寺則是「合食」，且四人圍著桌子坐在椅上吃著當中未分碟的食物。這對日本人而言是相當新奇的，因為以前的日本人是就著矮几跪坐吃定食，萬福寺這種團坐用餐的方式，可以給人團圓和樂的感覺；而且，多人量的食物放在一起，一人多吃，則其他人就只好少吃。所以，這種飲食習慣也可以訓練人們在吃飯時放下貪念、顧及他人。

報時法器——魚梆（魚板），也是由隱元禪師傳到日本的；永不闔眼的魚，象徵精進不懈，魚口中的珠子則象徵三毒「貪瞋癡」。這種法器在台灣到處可見，農禪寺的魚板外觀幾乎和萬福寺的一模一樣。

因爲黃檗宗對日本的深刻影響，至今該寺附近的車站站名仍叫黃檗，附近並有黃檗公園。坐上回程電車，看到一則日本國內旅遊何處去的廣告，上面寫了幾個字：「西瓜、蓮藕、隱元豆、桌子、椅子，對了！一家團圓是隱元帶來的呀！」

沒有人會懷疑這則廣告的宣傳效果，因爲大家都知道內容所指的是——萬福寺，所以「萬福寺」三字只以小小的字體，印在這則廣告的一個不貼近看，便看不到的角落。

註1 ■當時日本人對明朝來的僧人仍稱唐僧。逸然（一六〇一～一六六八年），明末清初浙江杭州畫僧，後東渡日本，並成為日本畫壇一重要派別「逸然畫派」創始人。

註2 ■吳中四才子，也稱江南四大才子，係指明朝吳中地區（今江蘇蘇州）才華出衆的四大傑出人物，即唐寅、祝允明、文徵明和徐禎卿。

註3 ■是否由隱元禪師傳入，有另外的說法。

註4 ■「孟宗竹」之由中國傳入日本，一般認為比隱元赴日為早，但限唐人聚居的長崎一帶；而關西「孟宗竹」之遍布，一般認為和隱元禪師有關。

萬福寺 宇治市五ヶ庄三番割34 電話：077-432-3900
官方網站：http://www.obakusan.or.jp/

鳳凰展翼振欲飛

# 平等院

橫架宇治川上的宇治橋，是宇治的象徵之一。原為日本史上赫赫有名的藤原道長別墅的平等院，即位於宇治。實際上，平等院以其建築物之一的「鳳凰堂」著稱。日本十圓硬幣上的建築，即是鳳凰堂。

京都府宇治市雖是一個人口不到二十萬的小城鎮，卻是日本人皆知的地方，而且自成一個「宇治文化圈」。宇治的興聖寺，是道元禪師所建的第一座曹洞宗寺院；三室戶寺，是著名的西國觀音靈場；日本最早的社殿建築、「世界文化遺產」的宇治上神社；及其他在《源氏物語》最後十帖登場的許多古蹟等，都在在說明宇治雖小，卻絕對是值得一遊、令旅人覺得不虛此行的地方。

何況還有一座日本人盡知、列名聯合國教科文組織「世界文化遺產」的寺院——平等院。

## 藤原家榮華的象徵

從京都搭乘JR奈良線或京阪電車宇治線，半小時內就可抵達宇治。走出車站往平等院方向，首先映入眼簾的是發源於琵琶湖的宇治川。

川水在平等院前不遠處分流，形成橘島、塔島；塔島上有一高達十五公尺的十三重石塔（重文，鎌倉時代）頗爲著名，支流之上一到夏夜，就有遠近馳名的鸕鷀捕魚表演——「鵜飼」。

橫架河川之上的宇治橋，是宇治的象徵之一，自古即是日本名橋，大化革新第二年（西元六四六年）第一次建造，具有連結大和（今奈良）、近

阿字池環抱的阿彌陀堂（鳳凰堂），被認為是日本平安文化的代表性建築物。（陳建廷 攝）

江（今滋賀）、京都的重要地位。此座橋的建立緣起，從現存於宇治「橋寺」（也稱放生院）的一塊斷碑（重文）得知，和佛教僧侶也有關係。

碑文在千年後讀來，仍震撼人心：「浼浼橫流，其疾如箭，修修征人，停騎成市，欲赴重深，人馬亡命，從古至今，莫知航葦，世有釋子，名曰道登，出自山尻，惠滿之家，大化二年，丙午之歲，構立此橋，濟度人畜，即因微善，爰發大願，結因此橋，成果彼岸，法界眾生，普同此願，夢裡空中，導其苦緣。」佛教由於福田思想的影響，古代僧侶經常造橋鋪路，但較少留下碑文，此碑因而彌足珍貴！

過了宇治橋，往平等院途中，會進入一條特殊的商店街，兩旁俱是賣茶的老鋪，由於焙爐的茶香四溢，很難不令旅人留下深刻印象。宇治自足利第三代將軍義滿指定「宇治七茗園」開始，就已是著名的高級茶產地，明末渡日漢僧隱元隆琦（一五九二～一六七三年）所帶來的煎茶文化，使宇治茶更爲出名。

正式進入平等院，如果是紫藤花開時節，會看到觀音堂旁的棚架上頭會有隨風飄搖、如同紫色瀑布的藤花，默默地迎接客人，默默地提醒藤原一族曾經擁有的榮華。

平等院原本只是日本史上赫赫有名的藤原道長的別墅，後來由他的兒子藤原賴通改爲佛教寺院而屹立至今。

藤原道長是所謂「攝關（攝政、關白）政治」的重要人物。國人印象中的日本社會，是大男人主義盛行的地方，但其實日本原是母系社會，以男性爲價值中心的父系社會形態和漢文

## 阿彌陀堂爲何又稱爲鳳凰堂呢?

一般認為這種稱法是從江戶初期開始流傳，其名應該源自屋頂那一對鳳凰。更有一說是因建築物的外貌而來，因為阿彌陀堂的建築本身也很像一隻展開翅膀、蓄勢飛翔的鳳凰。原來鳳凰堂整體建築除了阿彌陀如來所在的中堂之外，還有分列左右的翼廊及和中堂、翼廊垂直的尾廊，這也使整棟建築物的格局略呈「T」字型。龐大的中堂像抬著頭的鳳凰的身體和頭，左右翼廊如其翼，尾廊則如鳳凰長長的尾翼，這優美的外觀，長期以來一直吸引著遊人的目光。

化移入關係很深。攝關政治的產生，可以說是這兩種文化現象交錯接替時所產生的產物。

原本記載日本歷史的最早文獻《三國志・魏志倭人傳》說，當時日本（倭國）最強大的國家是由女王卑彌呼所支配。六四五年，日本開始「大化革新」，學習隋唐制度，推行包括律令制在內的許多改革；但母系社會的遺緒即使到了平安末期，仍未完全消失。

當時的婚姻制度，男方住入女方家的招婿形式仍然普遍。也因此，不少日本天皇是在外祖父家出生、成長，甚至成人之後，仍在外祖父家處理政務。攝關政治的形成，就和這種婚姻形式有著密切的關係。

藤原道長讓四個女兒接連當上了天皇的后妃，後來有三代天皇都成了自己的外孫。道長的兒子賴通繼承攝政的地位，仍掌握大權，於是攝關家利用天皇在律令制中的崇高權威，成為天皇的監護人，巡對官吏進行任免，權勢之大可以想見。

但是到了這個時代，日本也已因律令制的逐漸崩潰，社會開始陷入不安，末法思想開始廣泛流傳，淨土信仰也因此盛行，平等院就在這種背景下誕生。

▲日本的石塔和木塔相較，似乎較少受到重視。但平等院外塔島上的十三重石塔，不但是日本最高，且具悠久歷史，是其中例外。（徐金財攝影）

關於末法思想，諸經中雖然時間長短互異，但確有正法、像法、末法三時之說。漢傳佛法的歷史中，南嶽慧思（五一五~五七七年）的〈立誓願文〉是末法之說的嚆矢。

## 末法思想與平等院

在平安時代的日本，不少人們相信正、像法各一千年，而末法時代的到來是在日本永承七年（一〇五二年），也就是平等院鳳凰堂建立的前一年；加上日僧源信（九四二~一〇一七年）的《往生要集》出現，使往生極樂世界的憧憬普遍深入貴族、民間，藤原道長之妻倫子和後來成爲一條天皇皇后的女兒彰子都是源信的信徒。因爲這種背景，賴通會將他父親的別墅改爲淨土信仰的寺院，也就不足爲奇了。

平等院實際上以其建築物之一的「鳳凰堂」著稱，鳳凰堂（國寶）在日本無人不知、無人不曉！因爲行之多年的日本十圓硬幣上的建築正是鳳凰堂，而二〇〇四年日本新版紙幣中，最大面額的萬圓紙鈔背面所印的鳳凰像，正是鳳凰堂屋頂的鳳凰雕刻【註二】（國寶）。由此可見，平等院在日本人的心目中是多麼重要，也就不言而喻了。

鳳凰堂的正式名稱其實是「阿彌陀堂」。平等院落成時，除阿彌陀堂之外，還有金堂、講堂、法華堂、不動堂、經堂、寶藏等；可惜一三三六年的一場火災，伽藍大半燒毀，只有阿彌陀堂等少數建築物保存至今，於是鳳凰堂幾乎成了平等院的代稱。

平等院的成立既和淨土信仰有關，藤原賴通在設計時，就考慮到要將經

日本的鳳凰造型有點像雞，圖為鳳凰堂屋頂的鳳凰。（胡德揚 攝）

典中的極樂淨土利用平等院在娑婆世界呈現，所以阿彌陀堂四周以水池「阿字池」所包圍。因爲根據《觀無量壽經》等經典所載，極樂世界除了有宮殿，還有寶池。

阿字池邊鋪著白沙、細石，一受陽光照耀反射，整個阿彌陀堂瞬間就會像海市蜃樓般飄浮搖曳在池上，給人如夢似幻的錯覺；再加上宇治川上經常起朝霧，如果從河的對岸眺望阿彌陀堂，池水的反照和霧氣的空濛，阿彌陀堂頓時有如從西方淨土飛來，降臨在人間的淨土世界一般，這也使平等院庭園成爲日本的國指定史跡名勝。

在這迷迷濛濛的景致中，唯一可以清楚看見的，大概是那從格子戶上所開的圓窗中露出的「圓滿、光澤、柔和、端正」，有如「秋月」的阿彌陀如來的尊顏。這尊高二七八點八公分的阿彌陀如來坐像（國寶），結跏趺坐在須彌壇八重蓮華座上，加上佛像上的木造透雕天蓋（國寶），成爲一個完美的整體。佛像手結定印，和日本鎌倉時代以後呈立姿、作來迎印的彌陀像頗不一樣。

佛像完成於平等院創建的第二年，是日本史上知名「佛師」（佛像雕刻家）定朝的作品，由於刻得均整莊嚴、自然平穩，使定朝因而被授爲佛師的最高位「法橋」。

藤原氏的攝關政治，也算是一種對唐文化輸入後的一種「本土化」。其實不只在政治上本土化，即使在文化藝術上也開始本土化，形成所謂的「國風文化」。

## 國風文化寄木造

國風文化表現在文學上，是《源氏物語》一類，假名文學的產生；表現在雕刻上，則是「寄木造」之類，新技法的誕生，而這尊阿彌陀佛像更是當時寄木造的代表作。

在未參觀平等院之前，以爲雕刻佛像只不過將一根木頭雕成所需的造形即可；參觀之後，才知道其中大有學問。原來寄木造技法開發出來之前，大的木雕佛像基本上是由一塊木頭雕成，即所謂的「一木造」。

一木造的雕像全身上下，不管頭顱、身體都是由一根木頭製成，但由於木頭在乾燥後會收縮，易使雕像表面產生乾裂，解決之法是將雕像剜成空心。所以，大型木雕通常會在雕像背後挖一個洞，將內部盡量剜空。

但畢竟這種方法還是有所限制，因爲很多地方無法眞的挖空。於是就有人想到把像的背後鋸開，將雕像內部剜淨後，再固定回去的方法也就應運而生，而這也正是寄木造技法的原

形。因爲一旦鋸開則形同兩塊木頭組合而成，寄木造就是用不同木頭雕刻合成雕像的新技法。

寄木造技法發明之後，「內刳」已不是唯一目的，更重要的是，木雕從此可以往大型化的方向發展。以平等院這尊高達丈六的阿彌陀佛巨像來說，若是用一根原木製作的話，至少需要直徑一點五公尺以上的巨木才有可能。但是這樣的巨木實在是可遇而不可求，並不易找到，而寄木造技法的產生，解決了這種困境。

實際上，這尊丈六彌陀木雕，頭、體是由豎向四根木頭，前方的盤腿部則由橫向兩根木頭大體排列後，再和一般木雕一樣進行雕刻、內刳；然後重新組合修飾並用釘、鎘【註二】進行眞正的接合，最後再上金箔完成。因爲運用這種新工法，這尊佛像其實內刳極深，質材厚度僅有三至四點五公分左右，不但重量輕，而且近千年以來，幾乎沒有產生龜裂的現象。

爲了迎接這尊劃時代製作方法所打造完成的的巨像到來，並達成藤原賴通將淨土在娑婆世界呈現的理想，阿彌陀堂落成當初金碧輝煌，大紅、大綠、大青等眩目的顏色莊嚴著堂內各處。只是如今因歲月流逝而鉛華洗盡，徒留原木顏色令旅人悵惘！還好拜現代科技之賜，現在復原假想圖，可以在存放寺寶的鳳翔館中看到。

至於未上濃麗顏色的白牆上，則裝飾了許多飛翔於淨土世界、姿態輕快的飛天浮雕，這些「雲中供養菩薩」（國寶）是用來表現天人對阿彌陀如來的禮敬與讚歎。現存的五十餘尊中，像後均覆頭光、乘飛雲，而且爲了表現從下瞻仰阿彌陀佛的立體感，

宇治是紫式部《源氏物語》最後十帖的主要舞台。（徐金財 攝）

飛天的頭部都刻得較爲突出、木質較厚，下半身及雲雕得較薄。

祂們個個表情柔和，姿態變化多端，多數還奏著樂器，將阿彌陀佛襯托得尊貴無比，有趣的是，根據考證，其中有些樂器已失傳了。爲了不使這些藝術價值極高的飛天在保存上有任何閃失，堂中一半雲中供養菩薩，現已移置鳳翔館展示。

此外，阿彌陀堂的門扉上，有根據《觀無量壽經》日想觀繪成的「九品來迎圖」（國寶），也是此類繪畫中的精品。雖然畫像斑駁不堪，但由現存線條仍可看出全畫構圖之繁複，與畫者的功力、用心。

除了阿彌陀堂之外，平等院創建當初留下來的遺構，還有觀音堂和鐘樓。觀音堂的木造十一面觀音（重文，現存鳳翔館）是觀音堂的本尊，此像即屬於利用背部挖洞，將內部木心刳出的手法製成的「一木造」雕像。

這尊觀音立像右足稍浮，腰些許向左曲的姿勢，加上具有細腰的體形等

▲圖為平等院塔頭最勝院，以「不動明王」為本尊。（陳建廷 攝）

表現看來，是天平和平安初期時代的作法。所以，專家認爲是和鳳凰堂的阿彌陀像不同系統的佛師所雕。

鐘樓上鑄於平安時代、高一百九十九公分的梵鐘（國寶，現存鳳翔館），和三井寺、神護寺（或東大寺）的鐘，合稱爲「天下三名鐘」。鐘上雕有飛天、鳳凰、龍、獅子、唐草等紋樣。

像這樣具有豐麗裝飾的梵鐘，不僅在日本，即使中土也甚爲稀有，一般認爲是受了朝鮮鐘的影響，可惜因爲沒有銘文，製作年代從平等院草創期到平安時代後期等諸說都有。

李白曾作詩〈登金陵鳳凰臺〉感歎歷史更迭，有如大江東去不回頭：「鳳凰台上鳳凰遊，鳳去台空江自流，吳宮花草埋幽徑，晉代衣冠成古丘。」而漫步鳳凰堂之中，才突然發現鳳凰堂的鳳凰仍在，宇治川水仍流，藤花仍開，唯有權傾一時的藤原家族均成古人，後代應該也都「飛入尋常百姓家」了，確實令人感歎人生如夢。

這或許也是《源氏物語》中的主人公光源氏，最後選擇出家的原因吧！

註1 ■ 但今立於屋頂者為複製品，真品藏於鳳翔館。

註2 ■ 兩端彎曲的鐵釘，用來固定建材，即抓釘。

平等院 宇治市宇治蓮華 電話：077-421-2861
官方網站：http://www.byodoin.or.jp/

靈山寶山豐臣家

# 醍醐寺

所謂醍醐味，即最上味。
醍醐寺開山理源大師登笠取山時，
由於湧出的水甘美有如醍醐之味，便將笠取山改名為醍醐山，
並於山中結庵而建此寺。

醍醐山原名笠取山，顧名思義是座圓錐形、形如斗笠的山巒。這座遠深綠重的秀麗山崗，是日本文學經常歌詠的地方，三十六歌仙曾有不少以笠取山爲題的作品；醍醐天皇敕撰的《古今和歌集》的歌人們，如紀貫之、在原業平和醍醐天皇親信藤原兼輔等，經常聚集此地，使這裡成爲孕育大和歌謠的地方。

西元八七四年，理源大師聖寶（八三二～九〇九年）登笠取山，由於湧泉甘美有如醍醐之味，便決定在這裡結庵。所謂醍醐味，即最上味。《涅

自豐臣秀吉在醍醐寺賞櫻之後，至今每到春天櫻花盛開時節，賞花人潮不斷。（陳志榮 攝）

槃經》中，曾以乳的五味爲喻——乳味、酪味、生酥味、熟酥味、醍醐味；後來，天台智者大師（五三八～五九七年）便以五味之喻，判定佛陀的一代聖教爲五時教。眞言密宗則依《六波羅蜜經》譬之於陀羅尼藏，該經說：「總持門者譬如醍醐。醍醐之味，乳酪蘇中微妙第一，能除諸病，令諸有情

自心安樂。……」理源大師進而將笠取山改名醍醐山，要將這裡建設成眞言密教勝地的決心不言可喻。

## 行修驗道的靈山聖地

兩年後，擅雕刻的理源大師親刻准胝、如意輪兩座觀音像，並建准胝堂、如意輪堂（重文）安置，爲醍醐寺的歷史揭開第一頁。此後，又陸續興建藥師堂（國寶）、五大堂，加上安置理源大師坐像的開山堂（建造物和雕像俱爲重文）等堂宇，都分布在今天的醍醐山上，是所謂的「上醍醐」。只是今天上醍醐保存的平安時代遺構僅藥師堂，那是九〇七年所建（一一二一年曾改建），單層、檜皮葺的外觀，正表現出古老佛寺的特色；藥師三尊像（今存靈寶館）則是醍醐寺唯一的一組國寶佛像。

但上醍醐最著名的堂院應是准胝堂，也是山上最早建立的伽藍。雖然曾毀於大火，但重建後因是山裡唯一擁有禮堂的建築物，所以上醍醐的主要法會如春秋法華八講、仁王會等都在這裡舉行。

准胝堂內供養的准胝觀音在日本少見，值得介紹。准胝又作準提、尊提等，台灣寺院倒似乎較日本常見，只是經常被誤以爲是千手千眼觀音菩薩。這是由於准胝觀音一般以十八臂、三目形像出現，所以易遭誤解；事實上，千手千眼觀音塑像通常是四十臂（加上合掌結定印之兩手則有四十二臂），是兩者最簡易的區別。

在漢和兩地的佛子心中，准胝觀音是一位感應甚強的菩薩。九〇三年，弘法大師空海的再傳弟子、理源大師聖寶爲久未有子的醍醐天皇修求兒法，不久果得皇子。從此，醍醐寺連得三位天皇的外護，安置准胝觀音的准胝堂更成為「西國三十三所觀音靈場」的第十一番札所。據說對想生孩子、求夫婦敬愛、治病延命特別靈驗，所以雖然准胝堂深處山內，信徒仍絡繹不絕！

事實上，醍醐寺是許多日本佛教徒眼中的靈山。日本自古以來即有所謂的「山岳佛教」，修驗道是其修行方法的一種。行「修驗道」的人在山中苦行，以獲得宗教的驗力，醍醐寺開山理源大師也是以此法修行，之後四代座主貞崇相傳曾三十餘年未出山。也因此，醍醐山被行「修驗道」的人視為靈山，同時，這種行修驗道的人則被稱為「當山派」。至今即使是在六月梅雨時節舉行的「三寶院門跡大峰山花供入峰修行」，也會有數百人

醍醐寺的林泉與辨天堂，朱橋倒映於池水，深具日本庭園趣味。（徐金財 攝）

參加。

由於過去一千一百年以上的歲月，醍醐山都是修驗道的靈山聖地，使得這裡香火鼎盛。話雖如此，要到包括准胝堂在內的上醍醐可不容易！從醍醐山麓所在的下醍醐到上醍醐，要登爬一個鐘頭左右的登山步道才能到達，是西國巡禮諸寺中最險要、最困難的一條路，卻也是最具特色的旅程。登爬途中，經常會和遊客、信徒

醍醐寺的五重塔，是京都現存最古老的木造建築，屹立千年，看盡人間滄桑。

（徐金財 攝）

錯肩而過，日本登山客特別客氣有禮，狹路相逢都會相互問安、閒話家常。所以，即使隻身前往亦不寂聊，何況接觸古刹本身就是賞心悅目的事！

登醍醐山還有個好處，因爲正當爬得汗水淋漓、口乾舌燥的時候，會發現有水質甘甜的井水出現在眼前。此井位於木造建築之中，外頭並爲旅人備好了水，建築之旁還有一塊刻著「醍醐水」的石碑。而這泉水正是醍醐寺寺名、山號起源的井水，歷千年而未曾乾涸。

醍醐水的左上方有一間清瀧宮拜殿（國寶，室町時代），來源和中土有關，供奉清瀧權現。相傳清瀧權現是印度的沙羯羅龍王的三女善女龍王，密教認爲是如意輪觀音的化身。傳說清瀧權現曾到唐密祖庭青龍寺護持佛法，空海從唐朝回日本時，也渡海到高尾山寺（神護寺）。九〇二年，龍女又現身醍醐寺，因爲是渡海而來，所以青龍的龍旁加了水字旁而成清「瀧」。

## 因「花見」而復興的醍醐寺

不過，現在說到醍醐，反倒不是指准胝堂等所在的上醍醐，而是指原本只是上醍醐和朝廷聯絡的中繼站發展出來的下醍醐。事實上，今天若從整個醍醐寺的伽藍配置區分的話，可以分爲三部分：即上醍醐、下醍醐和最大的塔頭三寶院；整個寺域面積，合計達一百八十萬坪以上。

下醍醐的建築多毀於應仁之亂，今天所見幾乎全是慶長年間（一五九六～一六一五年），在豐臣秀吉、秀賴父子外護下重建完成。但其中有一座不屬於重建的建築物，那便是已經屹立千年以上的五重塔（國寶），這座塔完成於九五一年，是京都現存最古老的木造建築，這也使它成爲醍醐寺的象徵建築。整體而言，這座高聳的木塔給人蒼老但莊重的印象。據說內部彩繪是神祕的兩界曼荼羅世界，但爲了保護古蹟起見，並不對外開放。

下醍醐除了五重塔以外，金堂（國寶，十二世紀後半建築）大概是最重要的建築。下醍醐原本的釋迦堂，曾在鎌倉時代和室町時代兩次燒毀，醍醐寺重建時，在秀吉幫助下，將原本在紀州湯淺滿願寺的本堂解體並移建到這裡，成爲今天所見的金堂，是一棟具有平安時期特色的建築。

金堂前的廣場在每年的二月二十三日，會舉行禮讚五大明王功德的「五大力尊仁王會」，它原本是在宮中舉行的鎮護國家祈願活動，自醍醐天皇時代就轉而在醍醐寺舉行，當天會有一整天的柴燈大護摩供。所謂護摩供，是密教焚護摩木向本尊祈求息災、增益、敬愛等利益的儀式。同時還會舉辦舉起特大號「鏡餅」（圓形麻糬）的比賽，男性的鏡餅重一百五十公斤、女性的約九十公斤，優勝者可以把這塊大鏡餅帶回家，是個日本媒體經常報導的有趣活動。

清末時，曾出使日本的大詩人黃遵憲（一八四八～一九〇？年）曾作〈櫻花歌〉一首，詩中敘述了日本人賞櫻的盛況：「……七月張燈九月舞，一年最好推花朝，噴雲吹霧花無數，一條錦繡遊人路。明明樓閣倚空虛，玲瓏忽見花千樹。花開別縣移花來，花落千丁載花去。十日之遊舉國狂，歲歲驩虞（即歡愉）朝復暮。……

……」這是長久以來的情形。一五九八年初，秀吉決定在櫻花開時到醍醐春遊，爲了迎接這位猶如秦始皇般，結束日本戰國時代的一代霸主到來，在三個半月的準備期間，醍醐寺內上上下下無不大興土木，將荒廢的堂宇重新建立起來。

爲了使這次的賞櫻之宴成功，正如〈櫻花歌〉所說的一樣，還從鄰近各地收集了七百棵櫻木移植於寺內各處。那次的賞櫻之宴，參加者全是豐臣一族和長東正家等恩顧大名，人數超過一千三百人。尤其女眷們身穿秀吉賜予的華麗衣裳，使得醍醐寺一時之間有如潑上了各種顏色的調色盤。那天秀吉等人還在這裡舉行和歌會，並親作和歌。歌中，秀吉稱醍醐山爲深雪山，這也就是醍醐寺的山號除了醍醐山，也作深雪山的緣故。

圖為國寶三寶院唐門。中央兩扇門扉是「五七之桐紋」，左右配十二瓣菊花紋，看到此家紋，即讓人聯想起華麗優雅的「桃山文化」。（陳建廷 攝）

櫻樹壽命不長，當時的櫻木如今皆已不存，但醍醐寺方面仍陸續種植新的櫻木，讓持續開放的櫻花接踵當日繁華。尤其從下醍醐西總門到仁王門參道兩旁的櫻木，一到春天便形成緋紅色的拱廊，使漫步其下的人們也染上春色。

當日秀吉的花見已成雲煙，但人們到現在還是憧憬那次賞花。所以，每年四月的第二個星期天、櫻花將境內染白淹沒的時候，人們便會在醍醐寺舉行「花見行列」，由京都的名人扮演豐臣秀吉，加上約一百名身著桃山時代華麗衣裝的男男女女，從三寶院有著太閤桐和菊花文的唐門（國寶）出發遊行，讓今人體驗當日的盛況。

## 最大塔頭三寶院

儘管櫻木已非當日櫻木，而下醍醐秀吉重建的伽藍卻有不少保存至今，爲豐臣家的繁榮作見證。

最大的塔頭三寶院雖然歷史不算特別久遠，卻和醍醐寺諸多堂院得以重建有很大關係，豐臣秀吉甚至親自參與三寶院的重建工程。整個三寶院建

三寶院「秋草之間」的「襖繪」、「障壁畫」為重要文化財，充滿桃山時期色彩。（徐金財 攝）

築，是公家（公卿朝臣）的寢殿造和武家的書院造的折衷，具有桃山時代建築的特色。據說秀吉還設計了三寶院中的庭園，一時之間動用大量人工運石、掘泉、架橋、造瀑布，工期雖在一個月左右就大體完成。但根據現在的挖掘調查發現，庭園後來仍陸續有所擴充；一直到江戶時代才不再改動，期間長達二十年以上，被認爲是日本庭園的集大成者，也成爲日本國指定特別史跡、名勝雙重指定的庭園。

這庭園雖在佛教寺院之中，卻受到風水和道教思想的影響。庭園中的流水自北邊引入南流，到表書院（國寶）東注於南邊的水池，再由池的西邊流出（水流由東入而西出爲「吉」）。北邊有位於北端山下緣的朱雀天皇陵，舊奈良街道在西邊南北縱走，這一布局構成所謂的左青龍、右白虎、南朱雀、北玄武「四神具足」的布局。庭園池中有三島，應是受道教神仙思想的「蓬萊三島」之說的影響，但名稱由道教三仙山蓬萊、方丈、瀛州改爲蓬萊、龜島、鶴島；不過，龜、鶴仍是道教常提及的動物。此外，包括蓬萊等幾個島上都植松樹，也給人道教的印象。庭園雖屬迴遊式庭園，但遊人多認爲從表書院來展望全景最佳。

由於接近山區，醍醐寺的楓葉也頗足觀，賞櫻的同時，據說秀吉已醞釀在秋天仍在醍醐寺舉行「觀楓之宴」。但人算不如天算，「醍醐花見」後數月，秀吉就病倒，不久撒手人寰，觀楓之宴成空。

秀吉復興醍醐寺最大的貢獻，還在使龐大的寺寶有了安身之處。現存的七百餘箱文書，使醍醐寺成爲佛教古

## 藤戶石

在三寶院庭園左裡處有名石「藤戶石」，因為既大又重，又稱「千石石」。據說它是從今日倉敷市藤戶町的海裡打撈得來。這塊石頭從室町時代起就是知名的石頭，連《平家物語》【註一】一書也曾提及，是有志一統天下者爭奪的對象，先後曾入織田信長、足利義昭等人之手，最後落入統一日本的豐臣秀吉之手。因此，這塊石成了國家權力的象徵。只是獲得這權力之石的豐臣家也只傳到兒子，不久就被德川家康所滅，擁有權力之石的豐臣家還是逃不過灰飛煙滅的命運，成了一個最大的諷刺。

文書保存寶庫，和東大寺、東寺、高野山並列爲日本四大文書之一。其中，被指定爲日本國寶、重要文化財的文物，達二萬二千件以上；未指定的繪畫、工藝、雕刻、佛教古文書等，更達十五萬件以上。從開創之前的《繪因果經》、空海的墨蹟，到桃山時代三寶院的庭園、表書院的豪華障壁畫等，時間跨度既長，數量也多。

這些寺寶之中，又以密教圖像類最具特色，如爲研究密教而產生的白描圖像（僅有墨線的佛畫），質量都是壓卷之作。其次，醍醐寺秀吉時代的座主（也就是住持）義演，是關白二條晴良之子、幕府將軍足利義昭的義子，不但曾重新整理醍醐寺的書籍，更由於他有寫日記的習慣，後來這期間長達三十年的六十二冊《義演准后

洗手缽和蹲踞洗手缽，是茶庭中的必備品；高的稱洗手缽，矮的稱蹲踞。客人在進入茶室前，須在洗手缽或蹲踞前，先洗手、漱口，以達清淨身心的目的。此洗手缽的水源以巧妙方法，讓人誤以為從樹幹中來，別具匠心。（陳建廷 攝）

日記》（重文），不但是伽藍、復興庭園與興造建築的第一手資料，也成爲豐臣家過渡到德川家，這個日本激烈變動時期的貴重史料。

又如二十世紀中國文學史上的重要發現，唐朝才子佳人小說代表作之一，被一些學者認爲影響紫式部《源氏物語》寫作的張鷟《游仙窟》的最早寫本（一三四四年寫），也是在醍醐寺發現的。

現在這些文物大多保存於寶聚院（醍醐寺靈寶館），每年春、秋會開特別展。爲數眾多的寺寶使醍醐山不只是靈山，還是寶山，無怪乎會被聯合國教科文組織認可爲「世界文化遺產」。

不管相不相信修驗道，也不管懂不懂醍醐寺寺寶的文化價值，忙碌的現代人，如果願意花一些時間體驗山林生活和自然交流，那麼醍醐寺絕對是值得一遊的地方。

註1

■成書於日本鎌倉時代（約十三世紀左右）的軍記物語，作者不詳，內容主要記敘一一五六至一一八五年這段時期，源氏與平氏的政權爭奪。

醍醐寺 伏見區醍醐伽藍町 電話：075-571-0002
官方網站：http://www.daigoji.or.jp/index3.html

# 洛北

大德寺 詩仙堂 三千院

（林宣宇 攝）

禪宗文化之縮影

# 大德寺

在日本，茶室是傳統文化的精華之一，且和禪宗關係深遠，
而大德寺則是近代茶道的發源地。
如果說禪像南泉普願禪師所說是一枝花，
那麼圍繞著大德寺禪風所開出其他相關的文化花朵，可謂燦爛繽紛，令人眩目！

平安京時代的京都北邊郊外，有一塊稱爲紫野的原野，是皇室指定的「禁野」，也就是皇室的獵地，一般庶民禁止進入。後來這塊禁地不但不再成爲禁地，恰恰相反地成爲民眾喜歡親近的禪寺——大德寺。

大德寺的興建過程，和宗峰妙超（西元一二八二～一三三七年，即大燈國師）這位日本臨濟宗高僧有關。原來日本南北朝初期的著名武將赤松則村（法名圓心）慕其德行，便在紫野創建大德寺，請他擔任開山。

宗峰妙超在一三〇五年參學於南浦紹明（一二三五～一三〇八年，即大應國師），得其印可並嗣其法，後潛於民間多年，聲名漸隆。其師南浦紹明曾入宋，學禪法於杭州淨慈寺虛堂智愚禪師（一一八五～一二六九年），虛堂以嚴格宗風著稱，南浦在一二五九年得嗣虛堂之法，而宗峰既再學於南浦，故大德寺的宗風一開始就以嚴格著稱。

落楓鋪滿通往大德寺塔頭高桐院的石徑，彷彿無言訴說深秋已降臨人間。（王常怡 攝）

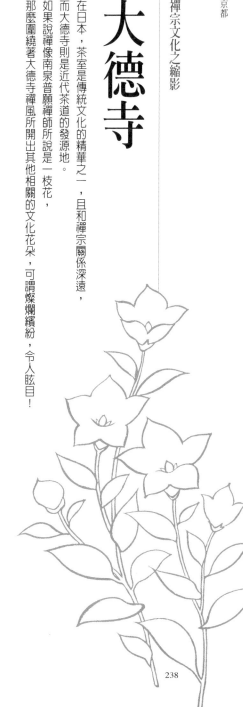

大德寺創建之後，一時極爲興隆，醍醐天皇敕爲「本朝無雙禪苑」，推爲五山第一；到了足利義滿當政的時代，則許之爲十剎之一。大德寺的宗風到江戶中期因白隱慧鶴禪師（一六八五～一七六八年）的發揚光大，成爲當時日本臨濟宗最爲重要的流派，足見大德寺在日本禪宗的重要性。

## 日本臨濟宗的重要禪苑

但大德寺歷任住持中，最爲台灣民眾所熟悉者，當屬一休和尚（一三九四～一四八一年），他的事蹟曾改編爲卡通動畫搬上銀幕，風靡全台。一休和尚法名宗純，字一休，號狂雲子。因好詠狂歌，不拘威儀，行徑類似「借色身而度世，仗癡顛而說法」的傳奇人物道濟和尚（即濟顛、濟公）。所以，連一休和尚的師父華叟（一三五二～一四二八年）也罵他風狂。一休又善書畫，放曠漫遊、行止無定，廣交各階層人士，所以奇言逸行在當時就廣爲流傳，成爲日本老少皆知，以機智出名的禪門人物。

這位知名禪僧在八十一歲時嗣爲大德寺第四十七代住持，之前大德寺因數次遭遇大火，伽藍幾已毀滅殆盡。一休入住後，經過一番奔走，得到豪商大力接助，遂得再興。也由於一休和尚對大德寺的特殊貢獻，至今大德寺還保存了他圓寂之前的遺偈：「須彌南畔，誰會我禪，虛堂來也，不直（即値）半錢。」（室町時代，重文）及頂像（重文）等許多文物。此外，一休和尚又將茶道精神引入寺院，從而產生與其他禪寺不同的禪門文化。

所以，走在大德寺的石徑上很難不撫今追昔，思憶起一休和尚等祖師曾

在這裡坐禪說法，也使大德寺像宇宙的黑洞般充滿無限的吸引力。

大德寺山號龍寶山，是臨濟宗大德寺派的大本山，七堂伽藍如法堂、佛殿、鐘樓、庫裡、方丈具備，且規模宏大。這些建築以本坊伽藍爲中心，分布在南北的軸線上，從南起分別爲敕使門、三門、佛殿、法堂（以上均爲重文）、寢堂，其北橫向有庫裡和方丈等。除了面對北大路這個方向開了南門，其他四面則有短牆圍繞，給人「不入其門，難窺其奧」的感覺。而且除了東面，其他三面還營建了諸多塔頭，這一布局和其他禪寺頗不一樣，這種景觀、規模，是在江戶初期的一六三六年、開山三百年忌以後才確立的。

至於三門「金毛閣」，則是桃山時代所建，是僅次於東福寺三門（國寶）

大德寺三門是典型的禪宗樣式，但兩層建於不同年代，第二層據說是千利休所捐建。（徐金財 攝）

的現存第二古老的三門。因爲塗著朱色相當醒目，屬典型的禪宗樣式兩層山門；比較特別的是，整個山門並非一次建成，第一層在一五二九年竣工，第二層則遲至一五九八年才因經商出身的茶人千利休的捐建而得以完成。

千利休這位日本茶道的靈魂人物，因捐建此三門而惹來殺身之禍，每每令日本遊客唏噓不已！原來日本禪宗的三門在鎌倉時代由漢地傳來後，起初兩者並無二致，但伴隨日本禪宗的發展，雙層山門的左右兩翼有了山廊，欲至上層須由山廊拾階而上。金毛閣的上層內部和寺內其他禪宗建築不一樣的是色彩頗爲鮮豔，內部須彌壇的中央安置釋迦三尊和觀世音菩薩，左右還有羅漢像等，但最特別的是有一尊捐建者千利休像。

一天，當時統一天下、權勢如日中天的豐臣秀吉到大德寺經三門而入，當豐臣秀臣知道三山之上竟有一介平民千利休的雕像，集權力於一身的他需要穿過他的雕像下面進出時，怒不可抑！於是，他在一五九一年命令千利休切腹自殺，三門上的木像更被運到京都的一條戻橋處以磔刑【註二】。

古德「謙受益，滿招損」的警語，再次驗證在千利休的身上。不過，現

▲大仙院柱上一塊深具禪意的木札「氣心腹人己」。氣長表有耐性，心圓表要圓融，腹橫寫表不生氣，人大表看重別人，己小表不膨脹自己。（徐金財 攝）

在三門之上仍有千利休的木像，是幕末所造的第二代木像；也由於有千利休事件，使遊客到大德寺一遊時，三門成爲憑弔瞻仰的重點。

千利休和大德寺的淵源並未就此斷絕，原來秀吉令千利休自殺後，大德寺雖憚於權力，但仍持續發揮其在日本茶道上的影響力，主要原因之一，是千利休的子孫仍祕密地繼續生活在大德寺的庇護下。因此，境內塔頭至今仍留有許多和茶道有關的逸品，使大德寺和日本茶道有著不可分割的關係。

位於方丈前庭的檜皮葺四腳門——唐門，是日本政府指定的國寶，此門久傳並非大德寺原有建築，而是叱吒風雲的豐臣秀吉的豪宅「聚樂第」的門移建到這裡的，但苦無證據。

二〇〇一年八月整修時，屋頂裡發現兩枚分別爲江戸時代初期和明治時代的「棟札【註二】」，其中一枚寫著「此門元在聚樂亭……（中略）……慶長年間移」，使此門原是聚樂第遺構的傳說得到有力的證據。門上雕刻了許多繁複的花草、鳥獸，表現了桃山時期的特色，豪壯華麗的氣勢，讓參觀者整天觀賞直到日暮也不厭倦，所以又有「日暮之門」的稱呼。

由於豐臣秀吉這位日本史上的重要人物，也使這座門在日本極具知名度，遊人至此，除了發思古之幽情外，沒有不拍照留念的。

## 各具特色的塔頭

但大德寺的特色和別處禪寺比較不一樣的，是有著許多各具特色的塔頭，其中有些還是爲數極少的日本中世住宅遺構，甚爲珍貴。以下僅簡介

大仙院、龍源院、眞珠庵等三座既具有歷史價值，又擁有令人心曠神怡、駐足不忍離去的庭園塔院。

## 大仙院

大仙院中作爲本堂的方丈（國寶），早在一五一三年就行上樑儀式，在日本禪寺的方丈建築之中，是僅次東福寺龍吟庵方丈（國寶）的遺構；而且這一方丈進出處的玄關，是日本現存最早的玄關遺構。

「玄關」一詞原是禪門術語，指出入玄旨的關門；後來禪宗在日本日益興盛，玄關一詞竟轉爲指建築的出入口，足見禪宗對日本文化的影響無所不在。

大仙院庭園的枯山水也極著名，所謂枯山水原本是在沒有水池或取水不便的地方僅以石組配置的庭園，但後來成爲日本庭園設計的一種樣式，尤其在室町中期之後更盛。又枯山水通常以石當作瀑布，以白沙爲水，可大別爲「風景畫式」和超越風景事物的「抽象式」枯山水兩種，而大仙院庭園即屬風景畫式的代表作。

## 龍源院

位於敕使門之前的龍源院，是境內塔頭中最古老的，也是大德寺南派的本庵。龍源院之名源於大德寺的山號「龍寶山」，永正年間（一五〇四～一五二一年）所建，庭院布置極美，尤其蘚苔入簾青，令人留連忘返。前庭位於本堂（重文）之南，是室町後期的遺構，長方形的庭子，配上象徵大海的白沙和象徵蓬萊山的石組，是具體而微，掙出畫面的立體畫作。

另外，龍吟庭則建在本堂的北邊，配以室町時代特有、象徵須彌山的石組，綠意盎然的青苔鋪滿整個庭院，

龍源院是大德寺寺域諸塔頭中歷史最久的，其枯山水出於名家，美不勝收。（袁美橋 攝）

生機蓬勃。若能以微觀之眼觀看這大片青苔，會以爲自己彷彿進入森林之海，悠遊其間自得不已。

## 眞珠庵

眞珠庵是以一休和尚爲開祖的塔頭，本堂（重文）建於江戶時代。雖說以一休爲開祖，但其實是一休圓寂後十年的一四九一年，他的弟子墨齋禪師和堺的富商尾和宗臨的捐建才得以建成，位於大德寺本坊方丈的北側。本堂有南庭和東庭，此外還有書院通僊院和茶室庭玉軒等，其中最古老的庭園是本堂東庭——別名「七五三之庭」，因在低石垣前從南起，分別放置七、五、三個石頭而有此稱呼。這具有幽玄之感的枯山水庭園，相傳爲曾在一休和尚處參禪、日本茶道史上另一位重要人物村田珠光所設計（珠光後來葬在眞珠庵）。

提到村田珠光，就又不能不提到大德寺和日本茶道的關係，他開拓出和日本原來的「殿中茶湯」、「鬥茶」不一樣的「侘茶」。「侘茶」的發展，也有其「法脈」——村田珠光、武野紹鷗、千利休的一脈相傳。但茶湯和大德寺發生關聯，又得從一休和尚和村田珠光的相遇開始。

## 深受禪宗影響的侘茶文化

有一則關於一休和尚與茶的故事，很可以點出侘茶的基本精神。據說有一年，山城（今京都）一帶作物收成不好，眼看亂事即將發生，某天一休受邀參加幕府將軍足利義持的茶筵，幕府將軍乃是日本政權的實際掌握者，自然也珍藏許多珍器古品，義持把自己珍藏的古董茶器拿出來給一休看，對他說：「這是千年的茶碗和萬

大仙院庭園為「風景畫式」枯山水代表作。（徐金財 攝）

年的茶壺。」一休回說：「得以拜見寶貴之物，眞是感謝！老僧也有古董，想讓將軍看看。」義持說：「是什麼東西？」一休說：「老僧有天智帝的觀月筵、老子的杖、周光坊的茶碗，如果將軍中意，老僧可以奉獻。」

義持對一休的慷慨非常感動，但細想之後覺得無功不受祿，還是對一休說要向他買，請一休出個價錢，一休說：「一件一千貫（貫是貨幣單位），三件三千貫即可。」義持想不到一休出的價錢如此便宜，便派使者數人同一休回大德寺取物。到寺之後，一休便吩咐弟子把前日乞食時的草蓆、籬笆的竹杖一枝、飼貓的缺角茶碗一只，拿來交給同來的武士們，他們見了目瞪口呆，不相信這是要給將軍的珍品。

義持看到這三件物品時，怒火難抑說：「這僧奴竟敢騙我，立刻把他找來！」一休見到義持時說：「今山城一帶，餓殍遍野，叛亂將生，將軍還有心熱衷茶道這種閒事，不惜萬金投於古董是爲何事？一休不必太多錢，只想以此三千貫救山城百姓，現在還給將軍，請作救濟之資。」義持於是痛改前非。可見一休和尙對於將喫茶變成鋪張浪費的事情，極力反對。

珠光三十歲時和一休相會，對他看起來像是風狂卻深奧的人格特質，有如被電擊般震撼，故從之習禪，茶道的發展也從此受到簡素思惟的影響。

簡素思想的具體呈現，可用草庵式茶室的產生看出端倪。茶室乃行茶事的建築物，因禪僧有喫茶之風而產生。原本室町後期在武士和豪商的推波助瀾下，已逐漸發展出書院式茶

室，但書院式茶室具有豪華、寬廣的特性，草庵式茶室相對就顯得純樸、簡單得多，但也如同禪的精神一樣具有素潔、能隨處變化而不呆板等特性。這些特點的具體呈現，例如草庵式茶室出入須經「露地」的專用小徑，走過露地以將世俗和茶湯空間隔離開來；爲不給人們高聳難親的感覺，草庵的出入口一般極爲低狹，結構上更是木柱茅頂、土牆竹窗的簡吝風格，室內則避免左右對稱，給人自在多樣的感覺。這種草庵式茶屋逐漸受到人們喜愛，到了千利休，集其大成並發揚光大，在日本更加普遍。

草庵式茶室既受到禪宗精神影響，茶室中的布置也常見禪宗的直接影響，例如常會懸掛禪僧的墨寶，據說這個將茶湯和墨寶結合起來的傳統，源於村田珠光，他由一休那裡得到宋代漢僧圜悟克勤（一〇六三〜一一三五年）的墨跡而將之懸於茶室。圜悟即是宗門第一書《碧巖錄》的作者，在日本受到特別重視自不待言。

此外，侘茶發展初期，墨寶受到青睞的禪師還有虛堂智愚（一一八五〜一二六九年）、無準師範（一一九三〜一二九四年）等漢僧。至今，大德寺仍藏有虛堂智愚等人的墨跡（如達摩忌拈香語，國寶）。至於墨跡首位懸於茶席的日本禪僧，一般以爲乃大德寺大燈國師宗峰妙超（一二八二〜一三三八年）。

## 寺寶是日本的文化寶庫

即使後來茶室布置中，墨寶更形重要，而懸掛的日僧墨跡仍多出於大德寺派，這或許和大德寺給人和茶湯結合的印象不無關係。

大德寺「千體地藏塚」位於大德寺廣大寺域的中央附近。舊的地藏因日曬雨淋而面目模糊，於是集中在這裡，各尊石像彼此好像都已成為好友，緊緊依偎在一起……（徐金財 攝）

禪宗重視在現實世界中悟道，以自力辦道的方式達於悟境。因此，對開悟高僧的言行舉止，認爲具有無限的保存價值。所以，禪宗寺院除了一般佛寺擁有的佛像、佛具之外，大量的得道高僧、名德的頂像和墨跡等文物也被如同至寶保存著，因爲這樣，我們就不難理解大德寺爲何會成爲日本文化的一大寶庫。

此外，本坊和塔頭內部也保存大量的水墨障壁畫，光方丈室就有八十四面障壁畫（重文，狩野探幽筆）；另外，還藏有室町時代末期王公貴族所珍藏的宋畫，像影響日本畫壇既深且遠的漢人畫師牧谿所畫的「觀音猿鶴圖」（國寶），以及南宋時傳入、被認爲是日本最著名羅漢畫、原有百幅今存八十二幅的「五百羅漢圖」等。

禪宗傳入日本後，對日本文化的影響是無遠弗屆的，除了上述文物外，甚至也包含飲食文化。就以大德寺來說，現在印象中屬於日本食品的納豆，其實也傳自中土，而「大德寺納豆」更是其中別具風味的一種。

大德寺納豆和一般人印象中有著千絲萬縷的納豆不同，這種納豆是用醬油麴使大豆發酵製成，據說有使礦物質容易吸收的功能和殺菌作用，在講究健康食品的現代甚受歡迎。所以，在茶席和日式點心的餡中也經常使用。「禪」在大德寺所開出的花朵，眞是燦爛多門！

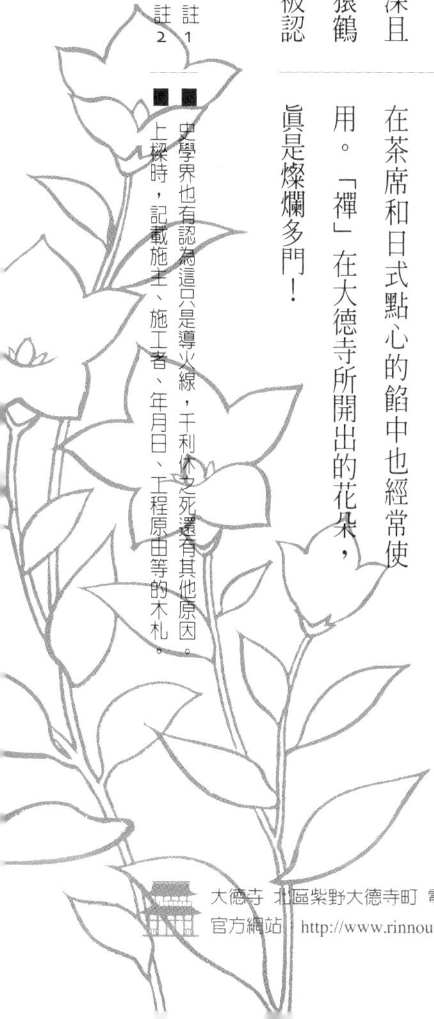

註1 史學界也有認為這只是導火線，千利休之死還有其他原因。

註2 上樑時，記載施主、施工者、年月日、工程原由等的木札。

鏡花水月話人生

# 詩仙堂

詩仙堂原本是江戶幕府德川家的家臣石川丈山，為隱居而營建的山莊。
石川是江戶初期漢詩的代表人物，
他於牆上掛了選自漢、晉、唐、宋時代三十六位詩人的肖像，
後來此地便以「詩仙堂」馳於世。

從「詩仙之間」所見到的庭園，杜鵑修剪得一團一團，像是從雪中（白沙）突然冒出來的巨大盆栽。（林宣宇 攝）

朋友第一次提到詩仙堂（shisendo）時，我回說資生堂（shisedo）不就是著名的化妝品品牌？朋友聽了大笑。搞清楚是聽錯後，又直覺以爲詩仙堂大概和李白有關吧！後來發現，我又錯了。

## 名稱源於愛詩的別墅主人

詩仙堂現在是屬於曹洞宗寺院，正式名稱爲丈山寺，京都的禪宗寺院絕

上：入口寫著「詩仙堂」三字的石碑，是日本國指定史蹟。（王常怡 攝）
下：詩仙之間的牆上，繪有三十六位選自漢、晉、唐、宋詩人的肖像。（徐金財 攝）

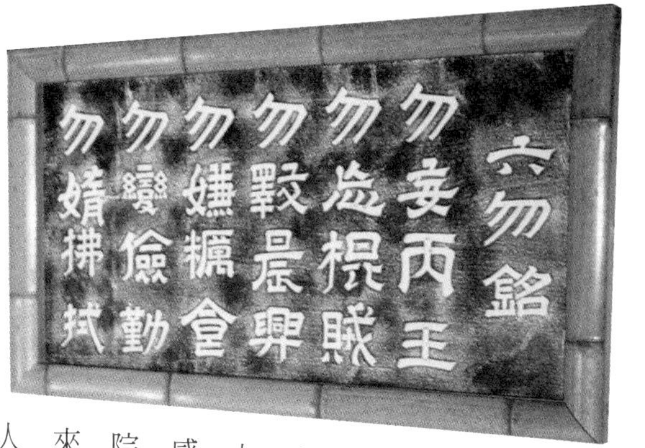

大多數屬於臨濟宗，曹洞宗寺院極少，也引起參觀者的好奇。

去過詩仙堂的人，可能比較感受不到它寺院的味道，原來它本是一處私人別墅。

詩仙堂原本是江戶幕府德川家的家臣石川丈山（西元一五八三～一六七二年），爲隱居而營建的山莊。丈山別號「六六山人」，出生在武士家庭，早年曾參加軍旅。母親逝後絕意退隱，先是在相國寺附近建睡竹堂；四年後（一六四一年）五十九歲這年，又在洛北比叡山西麓的一乘寺村建凹凸窠，凹凸窠就是在凹凸不平的土地上所建的住居之意。一直到九十歲往生，他都在這自己精心構築的山水木石的天地中，過著出入禪儒、吟詠詩騷的文人生活。

丈山是江戶初期漢詩的代表人物，集儒學、書法、茶道、庭園設計等技藝於一身。他善於書法，掛在詩仙堂內牆上用隸書寫就的〈六勿銘〉，字體既端莊恭肅又具儒家道德感的文字，即是出於他的手筆。他亦善於煎茶，在詩仙堂的庭院中，至今還保留了一口泉水清冽的石井，那井口橫放的長柄竹勺，像在提醒世人這裡原來的主人是個愛汲水烹茶的風雅人士。他的庭園設計能力深受肯定，像涉成園（東本願寺）和酬恩庵（一休寺）等出於其手的庭院，至今仍吸引無數遊客。

▲以隸書寫就的〈六勿銘〉，係江戶初期漢詩的代表人物石川丈山所書。（徐金財 攝）

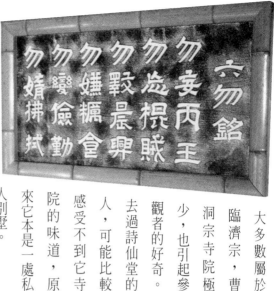

他的詩藝高超，被朝鮮使節譽爲「日東李杜」，詩仙堂流葉泊旁的詩碑刻著丈山著名的詩作〈富士山〉：「仙客來遊雲外巔，神龍棲老洞中淵，雪如紈素煙如柄，白扇倒懸東海天。」是日本初學漢詩的人所喜愛並模仿的作品。

他退隱凹凸窠後，更勤於寫作漢詩，著有漢詩集《覆醬集》等。期間他仿洛東隱者木下長嘯子的歌仙堂懸掛三十六歌仙肖像之舉，在和江戶時代的著名儒學家林羅山反覆討論後，共選出三十六位漢、晉、唐、宋各時代的詩人【註二】，再由著名的狩野派畫家狩野探幽畫出他們的肖像，掛於「詩仙之間」的四面牆上。因爲這個緣故，後來這個地方不以凹凸窠聞於人，而以詩仙堂馳於世。

## 庭園建築暗喻鏡花水月

詩仙堂入口很小，稱爲「小有洞」，並且有碑寫著「詩仙堂」三字，是日本國指定史蹟。拾階而上，石板小徑兩旁綠竹插天，日光只能在搖曳的縫隙中微微透入，讓人想起〈桃花源記〉：「初極狹，纔通人，復行數十步，中無雜樹」的句子，也給人裡頭會別有洞天的期待。參道盡

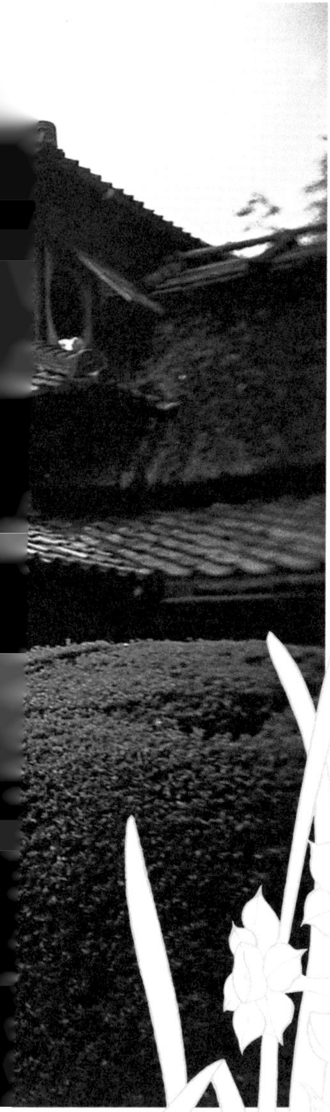

詩仙堂原是丈山所結作為隱棲之處的草庵，最高處的小閣樓即嘯月樓，右方仍可見茅葺屋頂。（王常怡 攝）

處即是玄關，特命名爲老梅關。

詩仙堂整體建築爲木結構，一邊是嘯月樓，另一邊是藏書室、廚房。詩仙之間內部的四面木牆上端、樑下高度的地方，掛著三十六位或穿紫袍青衫，或配著金帶象笏的詩人畫像，像旁題著詩人名字及其名詩作。這一幅幅肖像，和由藺草編成、給人簡素印象的格狀天花板相映成趣。

詩仙堂的庭園是迴遊式庭園，遍植

通往詩仙堂的石板小徑，兩旁綠竹插天，陽光只能在搖曳的縫隙中微微透入。（林宣宇 攝）

四時佳木，隨著季節變化而盛開著藤花、菖蒲、杜若、紫陽花、萩、山茶花等花草；其中又以五月下旬的杜鵑和深秋的楓葉，最能吸引觀光客前來欣賞。

庭園內的杜鵑花叢修剪成半橢圓形，像是從白沙中突然冒出來的巨大盆栽，在不開花的時節則像是天然綠籬，爲庭院增添曲折含蓄之美。實際上，這團團的杜鵑和地面留有掃帚掃痕的白沙也象徵山巒和大海。所以欣賞這庭園，就像在體會宇宙與人生。

## 設置添水喻深意

詩仙堂裡裡外外的景點都特別取了名字，例如洗蒙瀑、流葉泊、百花塢、嘯月樓、殘月軒等，隱含丈山鏡花水月的人生哲學。

整個庭園最爲人熟知的裝置是日本人稱爲「添水」的裝置，隨著泉水流入竹筒原本翹起、有切口的一方，待水在筒內漸滿，便會像翹翹板一樣，切口的一端因變重而下降；但才一下降，水就從切口傾倒而出，這時另一邊又相對變重，於是急翹回去，並撞擊石頭而發出清脆聲響。這一原本應裝在農田的裝置，自丈山採用於庭園後，其他庭園也競相模仿。

丈山用添水爲寂靜的庭院增添生機，還用以警醒自己。爲什麼說竹筒的敲擊聲能警醒丈山呢？添水旁的雜草青籐蔓生處，有一塊丈山的〈僧都詩並序〉刻石，說明了其中原委。

丈山爲什麼稱添水爲僧都【註二】呢？讓丈山想到要取這個名稱的靈感來自玄賓僧都。玄賓僧都是奈良末期到平安初期的高僧，原本天皇打算召見，但他討厭世俗名聲，於是離開奈

良輾轉於丹波和備中鄉間。世人因他輾轉於山田之間，所以稱他山田僧都。

期間，他曾滯留備中國的湯川寺，每到秋收時，便經常爲田野的農夫驅趕鴉雀，農民感念他的這一義舉，暱稱他爲「山田的案山子」，案山子是日文「稻草人」的意思。丈山根據這個故事，於是將這一驅趕野鹿、狐狸、山豬等野獸的道具取名「僧都」。

對此，丈山並賦四言詩一首自勵，說：「爾以自鳴，秋守田畝。水滿覆前，石出憂後。形側溪流，聲答山皐。宥坐惟肖，爲誡云有。」所謂「宥坐」就是宥坐之器，是古代君王放在座位右邊以示警戒的器物，也叫作攲器。

孔子也看過這東西，《荀子．宥坐》【註三】中說孔子參觀魯桓公的廟時，見到攲器，就問守廟的人說：「這是什麼器物？」守廟的人回說：「這就是宥坐之器。」

孔子說：「我曾聽過宥坐之器裡的酒空了，就會傾側在另一邊；不多不少的時候，能回到正位；裝得太滿，又會倒出來。」古代人是用這個方法

▲詩仙堂中的添水，丈山取名為僧都，其典故來自玄賓「僧都」。（徐金財 攝）

提醒喝酒的人不要過量和不及。

江戶時代在日本很風行的古籍《菜根譚》中，有一段發人深省的文字：「攲器以滿覆，撲滿以空全；故君子居無不居有，寧處缺不處完。」丈山身爲江戶時代的儒者、漢詩人，不太可能沒讀過這本書，這或許是觸動他「爲誡云有」體悟的原因吧！

至於參觀者能不能和丈山有相同感悟不得而知，只能說「好鳥枝頭亦朋友，落花水面皆文章」，用心生活、用心體悟，那麼生活中即使是小小的事物，也往往都寄寓著大道理呢！

註1 ■ 三十六詩仙為：蘇武、陶潛、謝靈運、鮑照、杜審言、陳子昂、李白、杜甫、王維、孟浩然、高適、岑參、儲光羲、王昌齡、韋應物、劉長卿、韓愈、柳宗元、劉禹錫、白居易、李賀、盧仝、杜牧、李商隱、寒山、靈澈、林逋、邵雍、梅堯臣、蘇舜欽、歐陽修、蘇軾、黃庭堅、陳師道、陳與義、曾幾。

註2 ■ 僧都原是日本佛教僧綱制的僧位中的僧官之一。僧綱制的僧官，有僧正、僧都、律師三種。

註3 ■ 《荀子．宥坐》：「孔子觀於魯桓公之廟，有欹器焉。孔子問於守廟者曰：此為何器？守廟者曰：此蓋為宥坐之器。孔子曰：吾聞宥坐之器者，虛則欹，中則正，滿則覆。……」

詩仙堂 左京區一乘寺門口町 電話：075-781-2954
官方網站：無

## 律呂川邊魚山梵

# 三千院

進入三千院，往外看，建築被各種花木圍繞，鳥語花香，處處可聞。
往裡看，隨著彎彎曲曲、高高低低的廊徑徐徐而行，
會發現建築主體幾乎間間相連，像在走迷宮；
而不斷在眼前展開的精緻堂宇，也帶給遊客不絕的驚喜！

三千院中「杉苔的大海原」——琉璃光園。（林宣宇 攝）

京都的左京區大原一帶，是個擁有美麗田園風光的地方，坐落其中各具特色的佛寺，更爲人們提供了一處息心放鬆的地方。

進入三千院，脫鞋走在無塵又清涼的木質地板上，往外看，建築被各種花木圍繞，鳥語花香，處處可聞。

## 北山杉中的淨土

初夏，庭園中的紫陽花遠近馳名，淡紫色的花朵打動了無數人的心靈；而深秋時，從三千院的表門——朱雀門到來迎院短短二、三百公尺，燃燒的紅葉彷彿是精心編織的紅羅錦緞所構成的黃金隧道。往裡看，隨著彎彎曲曲、高高低低的廊徑徐徐而行，會發現建築主體幾乎間間相連，像在走迷宮；不斷在眼前展開的精緻堂宇，也帶給遊客不絕的驚喜！

三千院是大原地區最著名的佛寺。

關於三千院的沿革，得從延曆年間（西元七八二～八〇六年）說起，日本天台宗始祖最澄在比叡山營造根本中堂時，就在東塔的南谷梨樹下建一寺宇，名爲「一念三千院」或「圓融房」。「一念三千」一詞，源於隋代天台智顗大師的《摩訶止觀》；後來曾經一度遷到洛中（京都市中部），並在大原建修行道場。一八七一年，更將位在洛中的本坊【註一】也移到大原，稱爲「三千院」。一八九六年，再把境外原本不屬於三千院的佛堂——往生極樂院（重文，建於十二世紀，入母屋造、柿葺、妻入【註二】），移建到三千院內而成爲本堂。

事實上，三千院和日本皇室關係很深，是「天台五門跡」（妙法院、青蓮院、毘沙門堂、萬殊院）之一。自日本最雲法親王以來，就在這裡置門跡政所，以管理大原已有的佛寺，包括以來迎院爲中心的上寺，和以勝林院爲中心的下寺。如今所見的三千院最外層圍著石垣、白色土塀，有如城郭一般，正是門跡寺院的風格。

整個三千院，由往生極樂院、宸殿、客殿、庭園組成。宸殿是在宮中講懺法、行法儀的地方，一九二六年重建，因外觀模仿日本天皇處理國政的紫宸殿而得名。本尊是東間的祕佛藥師如來像（平日不公開）。西間安置木造救世觀音半跏像（重文）、木造不動明王立像（重文）等。客殿的建材是以前御所的舊建材，障壁畫有近代日本畫巨匠竹內栖鳳等人的作品。

從宸殿經過苔庭——琉璃光園，就可到達三千院最著名的往生極樂院。

三千院最外層圍著石垣、土塀，有如城郭一般，正是門跡寺院的風格。（王常怡 攝）

琉璃光園由青苔鋪成，有如綠色絨毯，絨毯上聳立著拔地而起、筆直入雲的北山杉，所以也被稱爲「杉苔的大海原」。

京都的「北山杉」舉世知名，尤其透過日本第一位得到諾貝爾文學獎作家川端康成的描述，使這片青翠筆直的杉林成爲無數人想親眼目睹的古都風情。川端在得獎作品之一《古都》中曾提到，女主角千重子本來去看過平安神宮的櫻花後，要去看附近山野的櫻花，卻一股腦兒忘了，可是她卻沒忘記去看北山杉。望著那挺拔秀麗的北山杉，心情頓時感到十分舒暢，它就是如此令人神往！

在北山杉及寂寂生長的蘚苔雕飾下，往生極樂院散發著古樸、沉靜的韻致，成爲大原的象徵，是經常出現在明信片及旅遊書中的風景。往生極樂院這座古老建築，寺傳記載是惠心僧都源信（九四二～一〇一七年）的妹妹安養尼所創建的持佛堂遺構。不過，近年已證實不是源信所建，而是高松中納言【註三】實衡的妻子眞如房尼在一一四八年左右、丈夫往生後剃髮爲尼後所建【註四】，是藤原時代的重要遺構。

不像台灣的古建築多由屋頂坡面這側當正面，往生極樂院是「妻入」建築，以山牆這一側當作正面，是日本特有的建築形式。裡頭的天花板不是日本很多寺院的「小組格天井」那樣一格一格的，而是做得形如舟底，具有美觀價值的巧思，這也是日本現存舟底形天花板中最早的例子。裡面所供養的本尊，是阿彌陀如來三尊坐像（國寶），中尊阿彌陀佛結跏趺坐，右脅侍觀音菩薩兩手持蓮台，左邊大勢至菩薩合掌屈膝，跪坐蓮台之上，表現出來迎的姿態。三尊像是藤原時代首屈一指的代表佛像，像上殘存的金箔像在訴說坐像年代的久遠。

此外，裡裡外外還繪有二十五位菩薩來迎圖、飛天等彩繪及巧緻的螺鈿文樣，在在透顯出藤原時代，文化的優雅、纖細趣味。

## 賣炭翁與大原女

到大原，一定會沉醉在這裡的田野風光與好山好水。不過在古代，這裡的生活是相當艱辛的，因爲大原八瀨這個區域水淺流急，可利用的土地很少，位於京都北境，冬季雪又深，經常糧食不足；但出奇的是，這裡的民風卻彬彬有禮，充滿貴族氣息。

原來這裡曾經有所謂的「里子」制度，那是皇族公卿及京城的商人爲了幼兒的健康，將孩子託給身體強健的大原農婦養育的傳統。他們認爲與其讓心愛的幼兒在養尊處優的環境中成爲弱不禁風的小孩，不如寄放在八瀨大原，在原野之中長成身強體健的人來得好，所以才有這種風氣產生。

八瀨大原的農婦們不以獲得養育費爲目標，而以能得到社會上層幼兒的寄養爲榮。如有貴族小孩託養的話，他們會視如珍寶般，將全部心力放在孩子身上，甚至比自己的小孩更加用心照顧。這地方的男人則會在農暇時到「洛中」，也就是京都的市區做些打雜的工作，詢問有無成爲里子關係的機會並聯絡感情；如能在宮中從事雜役的話，更視爲無上光榮。

受寄者既是公卿之子，他們的父母，自然也經常在天皇住處——御所進出，不覺間八瀨的家庭移植了御所的語言。不但如此，舉凡廚房的菜單、年中祭典的模仿、贈答的形式等，也都受到貴族的影響。鄰村無法見到的格調，都在日常生活中慢慢培養出來，從說話的聲調到用語，都帶著宮中的優雅氣息。八瀨大原居民顯得特別有教養，和普通的農村大相逕庭，有如京都宮廷文化的外郭，是和洛中一體的特殊農村。

因爲八瀨大原的百姓經常在宮中工作，所以從前八瀨是免稅地。對此一特權，純樸的八瀨人認爲是佛菩薩的恩惠，爲表感謝之忱，於是在村中的廣場念佛、舞蹈，也就是所謂「御赦免地踊」，這項傳統還殘留至今。

隔著律川，位在三千院境內東北角，有一座鎌倉時代所雕造的石佛，俗稱「大原的石佛」，高二點二五公尺，相傳這裡就是「賣炭翁」舊跡。大原古代是採伐山林製炭的「炭燒之里」，人們於是稱燒製木炭的人爲「賣炭翁」。但日文「賣炭翁」這個漢語名詞，卻出自唐代白居易（號樂天）的名詩〈賣炭翁〉（《白氏文集》卷四）。

深體佛法的白樂天，自古就深爲日本人所喜愛。他的詩淺顯易懂，又關心民生疾苦，使他的詩風靡域外，獲得無數知音。在平安時代（八世紀末至十二世紀末），日本文獻中若提到《文集》，不指別的書，而單指《白氏文集》，甚至今天的京都市下京區仍有地名「白樂天町」，可見白樂天影響之大，以及受歡迎的程度。

白居易的〈賣炭翁〉，描寫賣炭者的辛勞說：「賣炭翁，伐薪燒炭南山中。滿面塵灰煙火色，兩鬢蒼蒼十指黑。賣炭得錢何所營？身上衣裳口中

大原鄉間一景（王奕尹 攝）

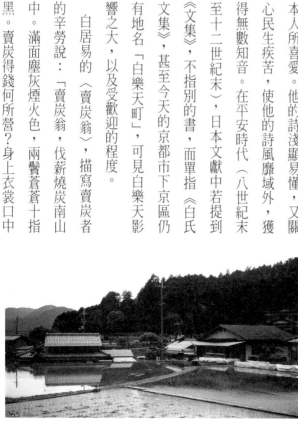

食。可憐身上衣正單，心憂炭賤願天寒。夜來城外一尺雪，曉駕炭車輾冰轍。……」——作爲基層勞動者的賣炭翁僅能溫飽，不，連溫飽都困難。大雪夜，身上僅有單薄的衣衫，卻希望天氣愈冷愈好，因爲期待著木炭能有銷路。但是期待落空：「一車炭，千餘斤，宮使驅將惜不得。半匹紅紗一丈綾，繫向牛頭充炭直」——千斤辛苦製成的木炭被宮使強徵，辛苦代價只換來半匹綢綾。

平安時代的大原人和白居易身處的時代一樣，民間要向宮中獻納木炭，所以這首詩得到特多共鳴。大原山中各處設有很多炭灶，製炭時，各地同時升起的輕煙，是日本歌人經常詠歎的景象。

和賣炭翁一詩不一樣的是，把木炭帶到市區去賣的，不是賣炭翁，而是一群人稱「大原女」，住在京都北邊、比叡山山腰八瀨地方的女子，她們到市區賣木炭、柴薪供作市民燃料。她們頭上束著白色的布巾，裡面著白色、外頭穿黑色袖子、綁著紅白細帶的衣服，並且腳踏草鞋，頭頂「黑木」（木炭）的樣子，是古代婦女勤奮的表徵。至今提到大原，人們仍會想到她們。

## 魚山梵唄

三千院所在的山林，名爲「魚山」。九世紀初，入唐僧慈覺大師圓仁在回日本後，看到這裡景致宜人，決心在此地建立「聲明」的根本道場。當時他想起漢地魚山，便將這裡命名爲魚山。

「聲明」之學，主要有兩種意義：一是指文字、音韻和語法之學。唐代

大原地區的三千院、勝林院、來迎院等寺院是日本民謠的搖藍，圖為刻有民謠的碑石。

（王常怡 攝）

因玄奘等傳梵學，加上密教流傳，梵字悉曇之學便蓬勃發展起來。日本在日僧最澄、空海等赴中土求法後，也回東瀛傳悉曇法，這門學問於是逐漸興盛。

聲明的另一種意義，是「梵唄」的意思。大原的聲明是這層意思，這是討論音曲歌詠的方法之學。梵唄早在印度古吠陀時代就相當盛行，據說佛陀本來禁止以婆羅門法的聲調讀誦經文，但因聲唄有醫治身心疲勞和強化記憶的作用，也就允許唱誦；佛陀入滅後，梵唄更加普及。

其實，佛經不管是讀誦或歌讚，對漢地均產生了很大的影響。其中，如讀誦經典稱爲轉讀，《高僧傳．經師論》說：「詠經則稱爲轉讀，歌讚則爲梵音。」漢語四聲的發現，就是受到佛經轉讀的影響。齊武帝永明時，周顒撰《四聲切韻》、沈約作《四聲譜》，都是這方面的成果。

不過佛法東傳後，原本傳誦聲唄的卻不多，那是因爲梵語是多音節，漢語乃單音節孤立語，若用梵音詠漢語則聲繁偈迫；相反的，若以漢曲詠梵文會產生韻短詞長的情況。所以，用漢曲歌詠梵文或梵腔詠漢語都不容易，這也就產生了製作漢地梵唄的必要。

相傳三國曹魏陳思王曹植遊魚山時【註五】，聞「巖岫誦經，清婉遒亮，遠谷流響」（玄贊四）（一說是聽到空中梵天的讚語）深有體會，於是摹其音節寫成梵唄，將支謙所譯的《太子瑞應本起經》加以刪改、製音而作〈太子頌〉，成爲合漢曲製梵唄的嚆矢。更早的《出三藏記集》卷十二，就載有曹植感魚山梵聲製唄記的紀錄，可見這傳說在相當程度上是可信的。

至於梵唄傳入日本，始於奈良時代（七一〇～七八四年）；到了平安時期（七九四～一一九〇年），眞言宗系與天台宗系的聲明，兩系統並行；圓仁傳入的，就是天台系大原流。

就像對中土的深遠影響一樣，聲明對日本音樂也有極大影響，包括平家琵琶、謠曲、淨琉璃、浪花節、今樣、御詠歌、各地的音頭、盆踊等，甚至KTV中被點唱的演歌，都有聲明影響的痕跡。

而那合抱大原魚山的兩條小溪流，分別叫律川和呂川。原來律、呂是古代中國用來校正樂音的器具，後來音樂也統稱爲呂律，現代漢語雖然不常用呂律這個詞，但日文中仍保存此一用法，例如牙牙學語的小孩或醉漢說話不清，日文說這是「呂律轉不過來」。爲這兩條溪流命名的正是圓仁，他決定在這裡研究並弘揚聲明之學，於是爲這兩條溪取這樣的名字。

## 勝林院與來迎院

圓仁帶回的聲明之學原在比叡山傳承，一〇一三年，第九代弟子寂源移到大原建寺傳聲明之學，這就是今天的勝林院。

這座古樸的寺院境內有鐘樓、本堂等建築，是淨土宗宗祖法然上人和舊佛教的碩學們論戰的所在地，這一論戰即是著名的「大原問答」。距離勝林院不遠處，還有實光院和寶泉院，是勝林院的兩座支院。實光院不但是這裡的僧侶修行之所，其中的庭園——契心園心形的水池，且是引自律川之水，賞心悅目，在此品嘗抹茶不僅是品茗，也像在品味大原的靜謐、寧闑。另外，書院式建築的寶泉院擁有雅致的庭園，其中一株樹齡五百多年的五葉松，樹型如同富士山，是該院的珍寶。兩座支院中的參道和庭園，也都有怡人的紅葉美景。

來迎院是另一個日本佛教音樂的發祥地，目安博士這種音譜的發明，使來迎院成爲聲明的專門道場，於是魚山聲明才分爲勝林院流（下院流）、來迎院流（上院流）兩派。來迎院位於三千院右下方的密林之中，平安時代後期由聖應大師良忍（一〇七二～一一三二年）在一一〇九年創建。良忍是日本天台宗僧，十二歲在比叡山

往生極樂院是妻入建築，在台灣少見。（王常怡 攝）

樹齡逾五百多年的五葉松，樹型如同富士山，是寶泉院的珍寶。（胡德揚 攝）

出家，修學天台教觀；二十三歲隱退，專習聲明梵唄，又在大原創建來迎、淨蓮華兩院（一說來迎院於九世紀中葉即創建，由良忍中興）。他統合諸派的聲明並予以發揚，又在各地遊化倡導融通念佛，被尊爲融通念佛宗開祖暨聲明中興之祖，敕諡「聖應大師」。

來迎院附近，位於律川上游的音無瀧，可以說明良忍對聲明的研究專注及他在日本人心中的地位。據說這座瀑布的水聲原本很大，足以擾亂聲明，良忍以咒文使水聲停止，從此瀑布不再發出聲音，所以稱爲「音無瀧」。

日本的環境整潔，向爲世人所稱道，鄉下不但空氣潔淨，沒有都市的紛紛擾擾，而且人情味濃厚，環境更是整理得一塵不染，勝過都市甚多，到大原一遊定可得到明證。

註1 ■ 本坊一般指寺院中住職，也就是住持所居之處。

註2 ■ 柿葺，是日本建築物中，用薄木板葺屋頂的工法，也指這種工法所形成的屋頂。每片木板部分重疊鋪開，用竹釘固定，屋頂的方法從平安時代就有了，著名的例子還有金閣寺和桂離宮等都使用這種工法。妻入，以山牆為正面的建築，山牆傳統建築物的屋頂斜坡兩側的牆壁。

註3 ■ 日本古代太政官職之一，是天皇的近侍，司奏上、宣下等職務。納言分大納言、中納言、少納言。台灣人較知道的大概是大納言，因為大納言不只是官職，也是一種紅豆的品種，曾在台灣造成風靡！

註4 ■ 建立極樂院者是真如房尼一事，是由真如房尼之甥吉田經房的日記《吉記》得知。

註5 ■ 又作漁山，一名吾山，在山東東阿縣西八里。

三千院 左京區大原來迎院町 電話：075-744-2531
官方網站：http://www.sanzenin.or.jp/top.html

國家圖書館出版品預行編目資料

禪味京都 ： 古寺侘寂之美 ／ 秦就　著.　-- 初版.
--臺北市 ： 法鼓文化, 2007〔民96〕
面：　　公分: --（琉璃文學；10）
ISBN　978 - 957 - 598 - 394 - 9（平裝）
1.寺院 - 日本京都市　2.日本京都市 - 描述與遊記
227.31　　　　　　　　96008928

琉璃文學10

# 禪味京都 古寺侘寂之美

| | |
|---|---|
| 著　者 | 秦就 |
| 出　版 | 法鼓文化 |
| 總　監 | 釋果賢 |
| 總編輯 | 陳重光 |
| 責任編輯 | 李書儀 |
| 美術設計 | 孫修家、蔡明潔 |
| 地　址 | 臺北市北投區公館路186號5樓 |
| 電　話 | （02）2893-4646 |
| 傳　真 | （02）2896-0731 |
| 網　址 | http：//www.ddc.com.tw |
| E-mail | market@ddc.com.tw |
| 讀者服務 | （02）2896-1600 |
| 初版一刷 | 2007 年 6 月 |
| 初版十一刷 | 2023 年 9 月 |
| 建議售價 | 新臺幣 420元 |
| 劃撥帳號 | 50013371 |
| 戶　名 | 財團法人法鼓山文教基金會-法鼓文化 |
| 北美經銷處 | 紐約東初禪寺<br>Chan Meditation Center (New York, USA )<br>Tel：（718）592-6593　E-mail：chancenter@gmail.com |